学力向上・授業改善・学校改革

カリマネ 100の処方

学力向上請負人と先進事例に学ぶ

No................

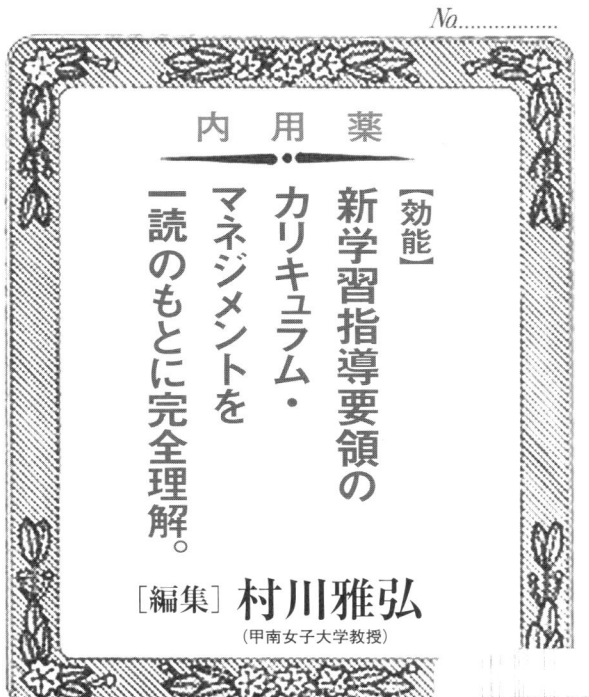

内 用 薬

【効能】
新学習指導要領の
カリキュラム・
マネジメントを
一読のもとに完全理解。

［編集］村川雅弘
（甲南女子大学教授）

教育開発研究所

JN254660

はじめに

　ずいぶん長きにわたって学校現場とかかわってきた。足かけ35年以上に及ぶ。その間、数多くのすばらしい実践に出会うことができたのは望外の喜びである。研究者としての私の役割は、その成果を整理し、手立てとして一般化し、学校現場に発信することである。

　振り返ってみれば、比較的短期間で学力向上や生徒指導改善等を成し遂げた学校は、今流行りの言葉で表現すると「カリキュラム・マネジメントが根づいていた」。

　今次改訂は、「社会に開かれた教育課程」「育成を目指す資質・能力」「主体的・対話的で深い学び（アクティブ・ラーニング）」「カリキュラム・マネジメント」「各教科等の見方・考え方」など、聞き慣れない言葉が飛び交い、戸惑いを感じている教員は少なくない。言葉としては新しいが、いずれもこれまでの改訂で文部科学省が推進してきたこと、学校現場が取り組んできたことの延長線上にあり、また、各々が独立しているのではなく互いに関連しあっている。そして、これらの関連と実現の鍵を握るのが「カリキュラム・マネジメント」である。

　最近では、「カリキュラム・マネジメント」の言葉を使っての学校指導や講演、執筆が多くなってきた。それだけ学校現場は求めているということである。何とか応えることができないかと考え、授業改善や学校改革を成功させた事例に共通してみられる手立てを、カリキュラム・マネジメントの視点からまとめてみた。処方という形で、各学校の実態や課題に応じてどの箇所からでも紐解いていただけるようにした。

　執筆陣はこれまでのかかわりのなかで出会うことのできた、いずれの分野においても実績を残した強者ばかりである。

　1章は村川（顔だけ強者で申し訳ない）が、カリマネの基本的な考え方や取り組み方、教職員全体で実現するための校内研修の工夫についてまとめた。

　2章と3章は授業改善や学校改革を成し遂げた学校の元校長にご登壇願っ

た。小学校は西留安雄氏、中学校は高橋正尚氏である。いずれもご自身で単著も出されている。管理職として「学校のカリマネ」をどう推進していくかをまとめていただけた。

　4章は石堂裕氏である。ミドルリーダーの立場から学校の屋台骨として活躍されている。アクティブ・ラーニングや総合的な学習の第一人者の一人である。「学級のカリマネ」のノウハウをまとめていただいた。

　5章と6章は「各教科等のカリマネ」にあたる。とくに、学校としての開発が求められる「小学校スタートカリキュラム」と「小学校外国語・外国語活動」を取りあげた。八釼明美氏はスタートカリキュラムの開発に堪能で関連著書も多い。池田勝久氏は教職大学院で実践され関連著書も多い。現在は文部科学省でその直接の任に就かれている。

　7章は八釼氏とタッグを組んで、新学習指導要領が求める授業づくりのための授業参観の視点をまとめてみた。8章の6つの事例は2章・3章の2事例と共に、近年かかわったなかでもカリマネに長じている学校である。学校としてどう取り組むのか、具体的な実践に基づく提案はいろいろな視点で学ぶことが多い。

　最後にこの場を借りて、本書刊行を後押ししていただいた教育開発研究所の福山孝弘社長、山本政男企画室長にお礼を申しあげたい。

　本書が各校のカリマネ実現に寄与できることを願っている。そしてそれが、子どもたち一人ひとりの夢の実現に向けた自己の学びの後押しにつながることを祈念している。

　冬季五輪の興奮覚めやらぬ　平成30年3月吉日

村川　雅弘

3章　管理職による中学校のカリマネ12の処方

4章　ミドルリーダーによる小学校のカリマネ12の処方

序章　今次改訂が求める授業改善・学校改革と「カリマネ」

序章

新学習指導要領がめざすもの
——カリキュラム・マネジメントの役割

甲南女子大学教授　村川　雅弘

1. 平昌オリンピック・カーリング女子からの学び

　韓国平昌での冬季オリンピック。羽生結弦選手や小平奈緒選手、女子団体パシュートなどの日本人選手の活躍に日本中が沸いた。子どもの頃から思い描いた夢や明確な目標の実現に向けて諦めずに挑み続ける姿に大きな感動を味わった。目標達成に何が必要かを考え、戦略を練り、具体的な課題を設定し他に類を見ない練習方法を工夫するなど、限りある資源のなかで一人ひとりが諦めることなく協働性と創造性を発揮し新たなものを創り出してきた日本人のよさを改めて確認することができた。選手個人の努力や工夫が最も大きいが、家族やコーチ、地域の人たちの支援や応援も彼らを後押しした。

　カーリング女子LS（Loco Solare）北見の選手からも多くのことを学んだ。終始笑顔のプレーは観る者の気持ちを和ませてくれるだけでなく、一大ブームとなった「そだねー」の言葉と共に、どんな状況でも一人ひとりが自己の考えを述べ合い協働的に問題解決を図るうえで、その基盤となる受容的な関係を創り出すということが大きな役割を果たしていた。氷上では、まさに「主体的・対話的で深い学び」が展開されていた。

　地元の北見市常呂町での凱旋インタビューに思わず私も涙した。吉田知那美選手の「7歳のときからカーリングを始めました。正直この町何もないよね（笑）。この町にいても絶対“夢はかなわない”って思ってました。だけど今は、ここにいなかったらかなわなかったなって思ってます。子どもたちもたくさんいろんな夢があると思うけど、場所とか関係なくて、大切な仲間がいたり家族がいたり、どうしてもかなえたい夢があるとか、この町でもかなえられると思います」（一部省略）の言葉は何度聞いても目頭が熱くなる。夢をもつことの大切さ、その夢はさまざまな人とのかかわりを通して実を結ぶことを改めて教えられた。

　少子高齢化の波を受けて、人口減少が心配されている。しかし、少子高齢化でも大都市部には人は流れる。人がいなくなれば税収が減る。行政のサービスが悪くなる。ますます人は住まなくなる。負の循環である。地方都市が共通に抱えている課題である。何もないなら創り出せばいい。カーリング女子LS北見の活躍は地方都市に一筋の光明をもたらした。

2．「子ども一人ひとりの学びのカリキュラム・マネジメント」

　本書は「学校のカリマネ」（2・3章）を中心に据えながら、「各教科等のカリマネ」（5・6章）や「学級のカリマネ」（4章）にも言及している。これらのカリマネ（教師の指導のカリマネ）に対して、「子ども一人ひとりの学びのカリマネ」（以下、「子どものカリマネ」）こそが、カリマネの最終ゴールである。子ども一人ひとりがなりたい姿やつけたい力を思い描き、その実現をめざして生活したり学んだりしていくことである。中教審答申（平成28年12月21日）のなかで、「子供たち一人一人は、多様な可能性を持った存在であり、……成熟社会において新たな価値を創造していくためには、一人一人が互いの異なる背景を尊重し、それぞれが多様な経験を重ねながら、様々な得意分野の能力を伸ばしていくことが、これまで以上に強く求められる」（17～18頁）と述べているとおりである。

　次代を創るのは子どもたちである。多様性を尊重したうえでの協働が求められるが、その前提は一人ひとりの個性や持ち前の力の伸張と発揮である。

　羽生選手や小平選手、LS北見のメンバーは、まさに「子どものカリマネ」を体現してきた人たちである。子どもの頃からの夢の実現に向かって日々努力を重ねてきた。小平選手のモットーは「日々自分超え」である。

　筆者たちは図1に示すモデルを提唱してきた。(1)「育成を目指す資質・能力」の三つの柱を基に考案・構築したものである。学校教育における実践場面を想定している。一般的にカリマネで用いられるPDCAと区別するために、「子どものカリマネ」にかかわるpdcaは小文字表記としている。

　pでは、「育成を目指す資質・能力の三つの柱」を意識して学級の学習課題を子ども一人ひとりが自分ごととしてとらえるとともに、自己の学習課題を設定し、学習活動への見通しをもつ。

図1

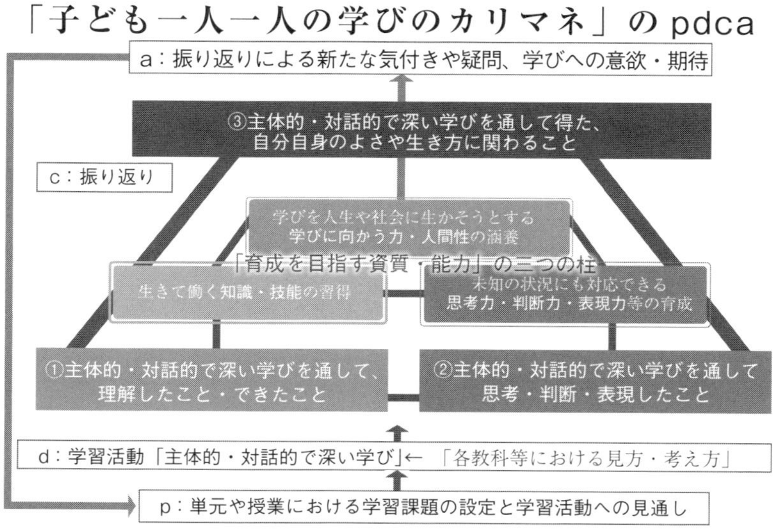

「子ども一人一人の学びのカリマネ」の pdca

a：振り返りによる新たな気付きや疑問、学びへの意欲・期待

③主体的・対話的で深い学びを通して得た、
自分自身のよさや生き方に関わること

c：振り返り

学びを人生や社会に生かそうとする
学びに向かう力・人間性の涵養

「育成を目指す資質・能力」の三つの柱

生きて働く知識・技能の習得

未知の状況にも対応できる
思考力・判断力・表現力等の育成

①主体的・対話的で深い学びを通して、
理解したこと・できたこと

②主体的・対話的で深い学びを通して
思考・判断・表現したこと

d：学習活動「主体的・対話的で深い学び」← 「各教科等における見方・考え方」

p：単元や授業における学習課題の設定と学習活動への見通し

（八釼・村川・三田 2017、2018一部改変）

　dでは、子ども一人ひとりが学級および自己の学習課題をもって具体的な学習活動を展開する。

　cでは、単元または授業の終末に、学習活動にどのようにかかわってきたかを、話し言葉や書き言葉を通して振り返る。その際、「育成を目指す資質・能力の三つの柱」との関連を意識させる。一つは、「c：振り返り①主体的・対話的で深い学びを通して、理解したこと・できたこと」にかかわる振り返りである。一つは、「c：振り返り②主体的・対話的で深い学びを通して思考・判断・表現したこと」にかかわる振り返りである。一つは、「c：振り返り③主体的・対話的で深い学びを通して得た、自分自身のよさや生き方に関わること」にかかわる振り返りである。

　一連の学習を通して、「c：振り返り③」を自覚できたとき、「a：新たな気付きや疑問、学びへの意欲・期待」が誘発され、次の「p：学習課題の設定と学習活動への見通し」に繋がる。

　学級において主体的・対話的で深い学びが展開されることで、カリマネの最終目標である「子どものカリマネ」のpdcaが子ども一人ひとりの意識の

なかで自覚化されていくと考えている。

3．カーリング女子LS北見の自己のカリマネ

このモデルに、LS北見のメンバーの学びを当てはめてみよう。

常呂町を始めとする各地のカーリング場での日々の練習や試合を通して、「今日は何が分かったか、できるようになったか」「どのようにして一人ひとりが考え、それを伝え合いどう問題解決を行ったか」「自己やチームのどのようなよさが見つかったか」「これからどのような課題を掲げ、練習や試合に臨んでいくか」このような振り返りをずっと繰り返してきたことが想定される。だからこそ、オリンピックという大舞台においても笑顔を絶やすことなく平常心で臨めたのだろう。

練習や試合のなかで常に話し合い、一つひとつのプレーを振り返り、自分たちの言葉で意味づけ、経験知や実践知をいっぱい貯めこんできた。その豊かな「引き出し」のなかから、目の前の状況および相手のプレーによって変わる状況を予測して、限られた時間のなかで最善の解決策を見出し、そして実行する。実にきめ細やかなpdcaサイクルが機能している。

しかし、彼らだけでなく、羽生選手や小平選手をはじめ多くの選手が語っていたのは家族やコーチ、地域の方たちの支えである。競技との出会いや目標達成のための場やプログラムを提供したりしてきたのはさまざまな立場の大人である。カーリング女子LS北見も練習場所や練習時間、練習メニュー、コーチやさまざまなスタッフ、市長や町の人々、そして家族の支えのなかで個およびチームを成長させてくることができた。

4．「子どものカリマネ」実現につなげる教師のカリマネ

今次改訂は一貫して「資質・能力」の育成を検討してきた。子どもたちが生きる次代はどんな世の中か、そこではどのような力が求められるか、その育成のために授業や学校はどうあるべきか、その実現に向け、家庭や地域といかに連携・協働を図っていくべきか、など。筆者も改訂にかかわった一人として熱く協議した。今次改訂は、「社会に開かれた教育課程」「育成を目指す資質・能力」「主体的・対話的で深い学び（アクティブ・ラーニング）」「カ

図2

新学習指導要領実現に向けた主な方策関係図

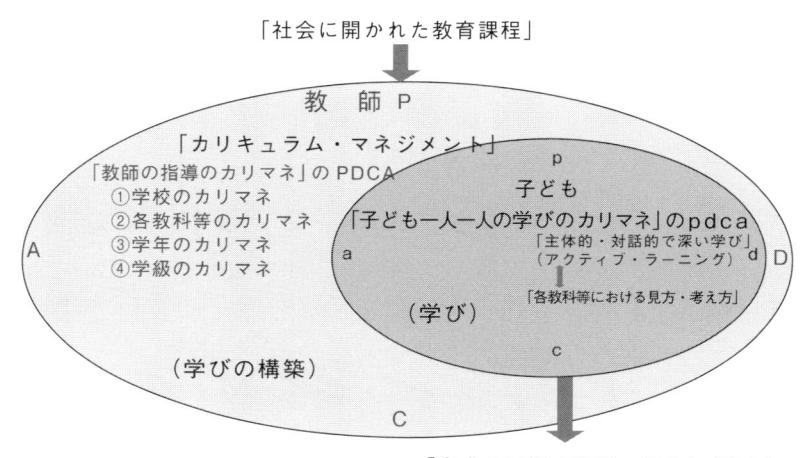

（八釼・村川2017、2018一部改変）

リキュラム・マネジメント」「各教科等の見方・考え方」などの聞き慣れない言葉が飛び交い、戸惑いを感じている教員は少なくないだろう。言葉としては新しいが、いずれもこれまでの改訂で文部科学省が推進してきたこと、学校現場が取り組んできたことの延長線上にあり、各々が独立しているのではなく互いに関連しあっている。図2は「社会に開かれた教育課程」や「カリマネ」等の関係を表したものである[2]。

　まず、小さな楕円に着目していただきたい。子どもたちは日々の授業のなかで、一人ひとりが自分の考えを持ち伝え合い、かかわりを通してよりよい解決を見いだし、結果として深く学ぶ（「主体的・対話的で深い学び」〈処方6〉）。各教科等の知識や技能および「見方・考え方」を活用し、さまざまな問題を協働的に解決している。子ども自身が課題を設定し、仲間と共によりよい解決を図り、学びを振り返ることで新たな課題や意欲を生み出すというpdcaサイクルを確立する。各教科等で身につけた知識や技能等を関連づけて総合的に活用しながら、協働的に問題解決を図ると共に、一連の学習を振り返るという学びを繰り返すことで、「生きて働く知識・技能」や「未知の

状況にも対応できる思考力・判断力・表現力等」「学びを人生や社会に生かそうとする学びに向かう力」を着実に身につけていく。

　しかし、このような学びは子どもの力だけでは構築できない。「子どものカリマネ」には教師の適切な指導・支援（「教師の指導のカリマネ」、処方7～11ほか）が必要であるが、個々の教師のがんばりには限界がある。また、学校だけの力では達成できない。

5．地域と共に実現する次代を担う子どもたちの育成

　中教審答申でも「社会とのつながりの中で学校教育を展開していくことは、我が国が社会的な課題を乗り越え、未来を切り拓いていくための大きな原動力となる。特に、子供たちが、身近な地域を含めた社会とのつながりの中で学び、自らの人生や社会をよりよく変えていくことができるという実感を持つことは、困難を乗り越え、未来に向けて進む希望と力を与える」（19頁）と述べているように、身近な地域の実態を踏まえたうえで、次代を担ううえで求められる資質・能力の育成をめざす「学校のカリマネ」を地域と共有し、地域と共に実現していくことが求められる。

　LS北見のメンバーが地元の北見市や常呂町の知名度を上げ、市や町の活性化に貢献したように、子どもたちは「社会に開かれた教育課程」における学習を通して、地域に学び地域を知るだけでなく、子どもたちなりに地域にできることを見つけ出し、地域貢献を図る。その経験と自信が次代を担ううえで求められる資質・能力を育成すると共に、「自分たちの手で社会をもっとよくしたい、自分たちにはできるんだ」という強い思いを醸成する。

　新学習指導要領のもとで進めようとしているカリマネは「学校のカリマネ」である。カリマネがこれまでのように教務主任以上のマターに陥らないためにも、教職員一人ひとりが「学校のカリマネ」を踏まえたうえで学級や教科指導でそれを着実に実現していくためにも、「各教科等のカリマネ」や「学級のカリマネ」が必要である。そして、これら「教師の指導のカリマネ」の最終ゴールは「子どものカリマネ」である。

　「子どものカリマネ」を主張する一方で「地域のカリマネ」を提唱している（処方21）。学校のなかで「揃えるべきこと」と「揃えるべきでないこと」

があるように、「地域のカリマネ」にも両者が存在する。カリマネは子ども
や地域の実態や特性に応じて各学校で策定され実現されるものであることは
言うまでもない。ただ、校長や中心メンバーの異動により消滅した実践、別
な学校に異動しシステムの違いにより多大な労力を費やす教師、身に付いた
力をその後生かし伸ばす場のない子どもを少なからず目にしてきた。

　筆者は県や市のレベルで揃えるべきものがあると提唱している。たとえば、
指導案である。書式で学校の独自性を発揮する必要はない。具体的な取り組
みで勝負したい。たとえば、校内研修の方法である。教職員が主体的・協働
的にさまざまな課題の解決を図ったり学び合ったりするワークショップ型研
修の手法は共通にしておきたい（処方13）。たとえば、育成をめざす資質・
能力は共通理解のもとで幼小中高を通して伸ばしていきたい。少なくとも中
学校区では「学びのインフラ」(処方16) を共通に整備し定着させていきたい。

　大分県佐伯市は幼小中高で育成すべき資質・能力の共通化を図り、総合的
な学習の時間を核に地域貢献意識を醸成しようとしている。学校と地域と教
育行政が一体となって「ふるさと創生」を進めている。今後このような地域が
増えていくことを願う。スポーツだけでなくさまざまな分野においても地域
を担い活性化を図ろうとする人材、子どもの頃に地域にしっかりと足を着け
た学びを経験したうえでグローバルに考え行動できる人材を育んでいきたい。

　「育成を目指す資質・能力」「主体的・対話的で深い学び」「各教科等の見方・
考え方」は学びを繋ぐ「縦糸」である。「社会に開かれた教育課程」の考え
は学校・家庭・地域を繋ぐ「横糸」である。子ども一人ひとりが、「縦糸」
と「横糸」を織り合わせて、人生という個性的で綺麗な反物に仕上げていく。
「カリマネ」がその重要な役目を担っている。

〈引用・参考文献〉
(1)　村川雅弘・八釼明美・三田大樹・石堂裕「資質・能力の育成につなげるアクティブ・
　　ラーニング」『せいかつか＆そうごう』第24号、日本生活科・総合的学習教育学会、14
　　〜23頁、2017年。
(2)　日本生活科・総合的学習教育学会第26回全国大会（東京大会2017）課題研究 8「子ど
　　もが自らの学びをマネジメントする生活科・総合的な学習を目指して——東京オリンピ
　　ック・パラリンピック教育を通して生き方を考える指導計画づくり」趣旨説明用プレゼ
　　ンテーション資料、2017年 6 月17日。

1 カリキュラム・マネジメントの基礎的・基本的な処方22

✳ 1章

カリキュラム・マネジメントの基礎的・基本的な処方22

甲南女子大学教授 **村川 雅弘**

　本章では、平成29年学習指導要領改訂の、とくにカリキュラム・マネジメント（以下、引用等を除き、原則的に「カリマネ」と略す）にかかわる中教審等の報告や本書の事例およびこれまで筆者がかかわった実践を取りあげ、カリマネの基本的な考えや進め方について、おおむね以下の疑問に答えるような流れで考え方や具体的な処方を示す。

①新学習指導要領で言われているカリマネってどんなこと？

②今やっている教育課程編成とどう違うの？

③カリマネの3側面ってどんなこと？　どうすればいいの？

④「育成を目指す資質・能力」や「主体的・対話的で深い学び」をどうとらえ、カリマネを考えればいいの？

⑤カリマネって管理職や教務主任の仕事じゃないの？

⑥カリマネを実現するうえで校内研修をどう工夫・改善すればいいの？

⑦カリマネを実現するうえで家庭や地域とどう連携していけばいいの？

 処方1　カリマネはこれまでの取り組みや改革の延長線上にある

　学校現場の授業研究や学校改善、校内研修改善等にかかわって35年以上になる。とくに、32年間勤めた前任校の鳴門教育大学大学院および教職大学院では現職の大学院生を指導し、授業研究や学校改善等に共に取り組んできた。また、国や都道府県の研究指定を受けた学校にはおおむね2、3年の期間限定でかかわることが多い。生徒指導上の問題解決や学力向上をすでに成しえた学校に訪問調査することも少なくない。総じて言えば、比較的短期間で学力向上や生徒指導改善を成し遂げてきた学校にはカリマネが根づいていたと実感する。[1]

　今次改訂にかかわる中央教育審議会答申（平成28年12月）の「『カリキュ

ラム・マネジメント』の重要性」（22頁）の項のなかで、次のように説明している（一部省略。マル付き数字は筆者による）。

①教育課程とは、学校教育の目的や目標を達成するために、教育の内容を子供の心身の発達に応じ、授業時数との関連において総合的に組織した学校の教育計画である。

②編成の主体は各学校である。

③学習指導要領等を受け止めつつ、子供たちの姿や地域の実情等を踏まえて、各学校が設定する教育目標を実現するために、学習指導要領等に基づき教育課程を編成し、それを実施・評価・改善していく。

①と②に関しては平成20年学習指導要領の総則にも同様の趣旨のことが述べられている。教育課程編成の主体は各学校であり、その責任者は校長であることには変わりはない。

③で示されているように、学習指導要領に基づき子どもや地域の実態や実情を踏まえて策定した具体的な目標、その実現のための教育活動（日々の授業や学校行事等）の内容や方法、評価方法、組織体制等の基本方針が、後述する「学校のカリマネ」である。

先行き不透明な時代を生き抜いていく子どもたちに求められる資質・能力の育成は学校や教職員個々のがんばりだけでは成しえない。その実現のためには、「子どもたちにどんな力をつけるのか」という目標のベクトルと「そのためにどのような教育活動を計画し実施するのか」という方法のベクトルに関して教職員が共通理解を図り、同時に家庭や地域と連携・協力のもとで進めていくものである。教育課程は教務主任や管理職の範疇ととらえられがちであったが、新任教員も含め教職員一人ひとりが学校全体の教育活動・経営活動に関しての主体者として、日々の授業や生徒指導等に臨むことが求められる。

カリマネという言葉に戸惑いを感じている学校や教育委員会は少なくないが、全く新しい大きな壁が立ちはだかっているわけではない。平成20年学習指導要領においても「言語活動の充実」「思考力・判断力・表現力の育成」「各教科等と実社会・実生活との関連」を重視してきたし、後述するカリマネの

３側面に関しても全く新しいことを求めているわけではない。少なくとも、総合的な学習の時間では行ってきたことである。カリマネを含めた今次改訂はこれまでの学校教育の延長線上に位置づくものである。

 処方２　カリマネの構成要素を理解する

カリマネの全体像を理解するうえでよく使われるのが、田村知子氏のモデル図[(2)]（図１）である。筆者も日本カリキュラム学会でこのモデルに出会って以来、活用している。なお、田村氏の承諾を得て、オリジナルの

図１　カリマネのモデル図

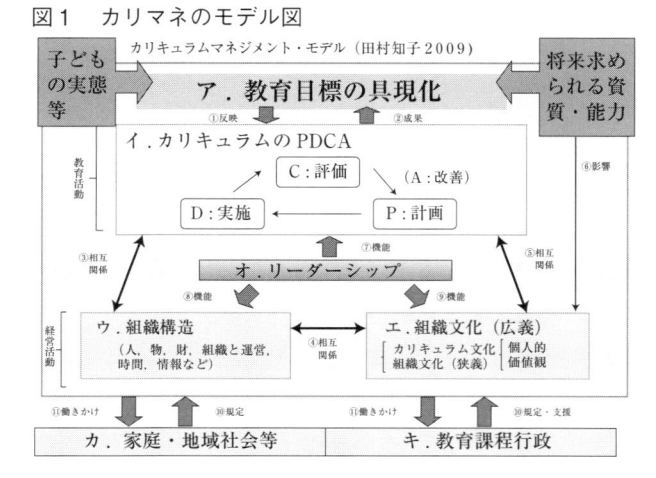

モデルに「将来求められる資質・能力」を入れている。

　まず、「子どもや地域の実態及び保護者の願いや教師の思い」と「子どもたちが次代を行き抜く上で必要となる資質・能力」を踏まえて「ア．学校教育目標や（今次改訂では）育成を目指す資質・能力」を具体化し、共通理解を図り、具現化を行う。教育目標の実現のための教育活動の基本的な考え方や取り組みが「イ．カリキュラムのPDCA」のP（計画）である。Pに基づく日々の教育活動がD（実施）、Dを踏まえた評価・改善がC・Aである。ここまでがカリキュラムの部分である。

　「イ．カリキュラムのPDCA」を動かすために必要なものが「ウ．組織構造」で教職員構成や組織体制（校務分掌や教授組織、研究組織など）、施設・設備、予算、学習時間と勤務時間、時間割編成、校内研修の方法や内容などが含まれる。イに大きな影響を与えているものが「エ．組織文化」である。ある特定のカリキュラム（たとえば、総合的な学習の時間や外国語活動）に対する

教職員の共通の理解や意識が「カリキュラム文化」である。理解や意識の差がそのカリキュラムの成否に強く影響する。「チーム学校」として協働性が高いのか、教職員個々のがんばりに依存した個業性が高いのかが「組織文化（狭義）」である。この部分が校内のマネジメントに相当する。

カは家庭や地域との連携・協力、キは地域教育行政との関係や幼小中高大の連携・接続にかかわるものである。全体として各要素が相互に関連し合っていることの理解が重要である。

 ### 処方3　時間割編成はカリマネの一部である

小学校においては外国語や外国語活動の時間の捻出が直近の課題となり、文部科学省もそれに関する報告書[3]を示したために、「カリマネ＝時間割編成」と狭義に理解されがちであるが、処方2でも述べたように、時間割編成はカリマネのマネジメント部分のごく一部に他ならない。前述の答申（平成28年12月）の「『カリキュラム・マネジメント』の重要性」の③で示されているように、学習指導要領に基づき子どもや地域の実態や実情を踏まえて策定した具体的な目標、その実現のための教育活動の内容や方法、評価方法、組織体制等の基本方針が学校としてのカリマネである。

外国語および外国語活動の時数確保を考えるとしても、外国語および外国語活動を通してどのような資質・能力を育むのか、各教科や総合的な学習の時間、学校行事等とどう関連づけるのか、校内においてどのような研究組織・教授組織で臨むのか、地域のどのような人材を活用するのか、中学校の英語教育とどう連携していくのか、といったことを総合的・関連的に考えていくことが求められる。処方9の「各教科等のカリマネ」にかかわることである。

 ### 処方4　カリマネの3側面で自校のカリマネ度を確認する

答申（23頁）では、3つの側面が示されている（図2）。各側面に関する処方は後で詳述する。ここでは簡単に確認しておきたい。

一つ目は、教科横断的な視点による教育課程編成である。

先行き不透明な時代のなかで子どもたちはさまざまな課題に遭遇することが予測される。その際、各教科等で身につけた知識や技能を教科等を越えて

繋げて活用することが求められる。そのためには、学校教育段階においても教科横断的な学びが求められる。

二つ目は、学校や子どもに関する各種調査結果の活用とPDCAサイクルの確立である。全国学力・学習状況調査や都道府県版学力調査等の調査結果を授業改善や学校改革に活かして子どもに返したい。各調査結果や日々の子どもたちの姿を踏まえて、カリキュラムの「P（計画）・D（実施）・C（評価）・A（改善）サイクル」を確立することである。たとえば、全国学力・学習状況調査の結果を一部の学年や教科の教員だけで分析・検討しているとしたら改めたい。諸調査の結果はすべて、学校の成果であり、課題であると受け止めたい。課題に関しては具体的な改善策を学校全体で模索し、その実現に取り組むことが必要である。

三つ目は、校園内外の人的・物的資源の活用である。今次改訂でめざす資質・能力の育成に向けての授業改善や学校改革において教職員の協働のみならず家庭や地域との協力がきわめて重要である。また、人材以外の教育資源である予算や時間（学習時間および勤務時間）、施設・設備は限られている。校園内外の人的・物的資源を有効活用するためのマネジメントが求められる。

3側面の具体はこれまで学校で取り組んできたことである。先にも述べたが、比較的短期間で学力向上や生徒指導改善を成しえた学校の大半がこれらのことが実現されていた。また、総合的な学習の時間においても創設以来20年重視してきたことである。各側面で求められていることが組織的・計画的に行われてきたか、具体的な方法やシステムが確立しているかを確認することによって、自校のカリマネの実態を推し量ることができる。

図2　カリマネの3側面

カリキュラム・マネジメントの3側面

ⅰ）各教科等の教育内容を相互の関係で捉え、学校教育目標を踏まえた教科等横断的な視点で、その目標の達成に必要な教育の内容を組織的に配列していくこと。

ⅱ）教育内容の質の向上に向けて、子供たちの姿や地域の現状等に関する調査や各種データ等に基づき、教育課程を編成し、実施し、評価して改善を図る一連のPDCAサイクルを確立すること。

ⅲ）教育内容と、教育活動に必要な人的・物的資源等を、地域等の外部の資源も含めて活用しながら効果的に組み合わせること。

中央教育審議会答申（平成28年12月21日）

処方5 「学力の3要素」と「育成を目指す資質・能力」の関連を理解する

「目標のベクトル」とその実現のための「方法のベクトル」を具現化し共通理解を図ることがカリマネでは求められる。前者に関しては、今次改訂で示された「育成を目指す資質・能力」についての共通理解が必要である。処方2のカリマネ・モデルのアの部分である。

これまでも学習指導要領改訂のたびにさまざまな学力観が示され、国内外の研究機関や研究者も多様な学力観を提唱してきた（たとえば、「生きる力」「キー・コンピテンシー」「人間力」「学士力」「基礎的・汎用的能力」「成人力」など）。今回示された「育成を目指す資質・能力の三つの柱」はそれらを整理し、幼児から社会人に至るまで1本の資質・能力観で貫いたものと考えることができる。改めて、今次改訂が提唱している「育成を目指す資質・能力」について、「学校教育法（一部改正）」で示されている「学力の3要素」と比べながら確認しておきたい。

第30条　小学校における教育は、前条に規定する目的を実現するために必要な程度において第21条各号に掲げる目標を達成するよう行われるものとする。

2　前項の場合において、生涯にわたり学習する基盤が培われるよう、<u>基礎的な知識及び技能を習得</u>させるとともに、<u>これらを活用して課題を解決するために必要な思考力、判断力、表現力その他の能力</u>をはぐくみ、<u>主体的に学習に取り組む態度を養う</u>ことに、特に意を用いなければならない。

「学校教育法」（平成19年6月27日一部改正）

一つ目は「何を理解しているか、何ができるか（生きて働く「知識・技能」の習得）」である。「学校教育法（一部改正）」でも「基礎的な知識及び技能を習得」を謳っているが、「生きて働く」にポイントがある。中教審答申では「各教科等において習得する知識や技能であるが、個別の事実的な知識のみを指すものではなく、それらが相互に関連づけられ、さらに社会のなかで生きて働く知識となる」（28頁）としている。

二つ目は「理解していること・できることをどう使うか（未知の状況にも対応できる『思考力・判断力・表現力等』の育成）」である。「学校教育法（一部改正）」でも「これら（基礎的な知識及び技能＝筆者注）を活用して課題を解決するた

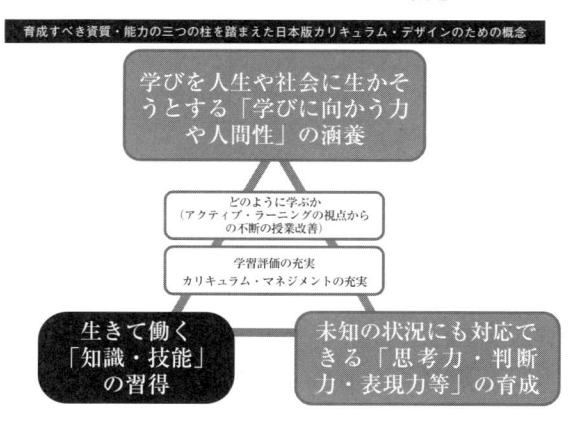

図3　カリキュラム・デザインのための概念

育成すべき資質・能力の三つの柱を踏まえた日本版カリキュラム・デザインのための概念

学びを人生や社会に生かそうとする「学びに向かう力や人間性」の涵養

どのように学ぶか
（アクティブ・ラーニングの視点からの不断の授業改善）

学習評価の充実
カリキュラム・マネジメントの充実

生きて働く「知識・技能」の習得

未知の状況にも対応できる「思考力・判断力・表現力等」の育成

めに必要な思考力、判断力、表現力その他の能力」を謳っているが、「未知の状況にも対応できる」がポイントである。次代を担う子どもたちには「将来の予測が困難な社会の中で未知の状況に出会っても決して怯まず・諦めることなく、既有の体験や知識・技能を生かして解決策を自ら考えた上で、一人で背負いこもうとせずに多様な他者とかかわり、対話を繰り返しながらよりよい解決策を見出していこうとする生き方」が求められる。まさしく、平昌冬季オリンピックで金メダルに輝いた羽生結弦選手や小平奈緒選手の生き方がよきモデルである。

　三つ目は「どのように社会・世界と関わり、よりよい人生を送るか（学びを人生や社会にいかそうとする『学びに向かう力・人間性等』の涵養）」である。「学校教育法（一部改正）」でも「主体的に学習に取り組む態度」を謳っているが、「学びを人生や社会にいかそうとする」がポイントである。目の前の学習対象に対する興味・関心や意欲に留まらず、学んでいる教科等や具体的な学習内容が自己の人生や社会とどうかかわっているのかを考え、生かそうとすることを求めている。「学習意欲や自己統制力、自己を客観的に捉える力、人間関係形成力、多様性を尊重する態度や互いのよさを生かして協働する力、持続可能な社会づくりに向けた態度、リーダーシップやチームワークなど」の汎用的能力も含まれている。

　これらの資質・能力の３つの柱は、各教科等において育む資質・能力、教

科等を越えたすべての学習の基盤として育まれ活用される資質・能力、現代的な諸課題に対応して求められる資質・能力のすべてに共通するものである（図3）。また、各校はこれらの資質・能力の枠組みを踏まえたうえで、子どもや地域の実態に応じて、カリマネの中心である学校教育目標等として具体化される。

 ## 処方6　「主体的・対話的で深い学び」の実現がカリマネの核となる

　カリマネの核となるのは日々の授業（処方2のカリマネ・モデルのイのD）であり、前述の資質・能力育成および授業改善の鍵を握るのが「主体的・対話的で深い学び」である。中教審の「論点整理」（平成27年8月）では、アクティブ・ラーニング（課題の発見・解決に向けた主体的・協働的な学び）の言葉を用いていたが、「審議のまとめ」（平成28年8月）では「主体的・対話的で深い学び」と説明し、また、「学習指導要領」（平成29年3月）においても、アクティブ・ラーニングという用語はいっさい使わずに「主体的・対話的で深い学び」としている。

　なお、「対話的」に変更された理由は「単に同じ場所に身を置き作業しているといった状態に止まらず、そこにいる一人一人が自己の考えを持ち、他者とやり取りしながらよりよい解決策を見出すこと」の強調であり、「深い学び」が付け加わったのは「話し合いが活発であっても、習得した知識や技能を用いず、教科等のねらいに届かない活動が必ずしも少なくないこと」を懸念してのことと考えられる。

　中教審答申（49〜50頁）では、以下の視点に立った授業改善を行うことで、「学校教育において質の高い学びを実現し、学習内容を深く理解し、資質・能力を身に付け、生涯にわたって能動的（アクティブ）に学び続けるようにする」としている。

　一つは「主体的な学び」を「学ぶことに興味や関心を持ち、自己のキャリア形成の方向性と関連付けながら、見通しを持って粘り強く取り組み、自己の学習活動を振り返って次につなげる学び」としている。「育成を目指す資質・能力」の「学びを人生や社会にいかそうとする『学びに向かう力・人間性等』

の涵養」につながる。また、次の学びへの意欲や問題意識を引き出すうえで「振り返り」を重視している。

　一つは「対話的な学び」である。「子供同士の協働、教職員や地域の人との対話、先哲の考え方を手掛かりに考えること等を通じ、自己の考えを広げ深める学び」としている。自己の考えと比べたり関連づけたりすることによる「先哲」との対話（いわゆる「自己内対話」）も視野に入れている。

　一つは「深い学び」である。「習得・活用・探究という学びの過程で、各教科等の特質に応じた『見方・考え方』を働かせながら、知識を相互に関連付けてより深く理解したり、情報を精査して考えを形成したり、問題を見出して解決策を考えたり、思いや考えを基に創造したりすることに向かう学び」としている。具体的には、各教科等で身につけた知識や技能、「見方や考え方」あるいは自己の体験を意識的に活用して学習することが重要と考える。

　「主体的・対話的で深い学び」の視点も含めた研究授業の見方については第7章で触れる。

処方7　さまざまなレベルのカリマネが存在する

　前でも述べたように、教育課程やカリマネは教務主任やそれ以上の立場にある人の用務の範疇ととらえられがちである。実際、筆者も各地でカリマネに関する講演を行っているが、大半が教務主任や管理職である。近年はミドルリーダー対象の研修でも取り入れられてきた。

　筆者はカリマネを以下の5つのレベルでとらえている。

(1)　「学校のカリマネ」

　本来言われている「カリマネ」はこれに該当する。学校経営全体計画やグランドデザインなどである。主に、校長や教頭、教務主任等が中心となって作成することが多いが、教職員全員で構想していくことが望ましい。子どもの実態や次代を見据え、どのような資質・能力を育むべきか、学校教育目標を具体化・共有化するとともに、その実現化に向けての授業づくりのための基本方針（たとえば、「授業スタンダード」や「学習規律」）や研修体制、研修計画等を策定して、目標および方法のベクトルを揃えることである。

(2)　「教科・領域のカリマネ」

　各教科および道徳等の各々にカリマネが求められる。児童や地域の実態を踏まえて作成・実施されるスタートカリキュラムや外国語活動、総合的な学習の時間などは、とくに学校の特色を生かしたカリマネが必要である。

⑶　「学年のカリマネ」

　「学校のカリマネ」を拠り所としながら、担当学年の子どもの実態を踏まえて、学年団として子どもをどう育てていくかの基本方針を考え、実践し、見直していくことである。

⑷　「学級のカリマネ」

　「学校や学年のカリマネ」を拠り所としながら、担当した子どもの実態を踏まえて、１年間かけてどのような力をつけていきたいのか、そのためには仲間づくり、授業づくり、学級経営等をどう進めていくのか、教室環境をどう整備していくのか。新任教員にも求められるカリマネである。

⑸　「子ども一人ひとりの自己の学びのカリマネ」

　子ども一人ひとりがなりたい姿やつけたい力を思い描いて、その実現をめざして生活したり学んだりしていくことである。カリマネの最終ゴールと言える。先に述べた、アクティブ・ラーニングの視点の一つである「自己のキャリア形成」に通底するものである。変化の激しい社会を生き抜くために生涯にわたって学び続ける主体者を育てることが求められている。

 ## 処方8　全教職員でグランドデザインの共有化を図る

　「学校カリマネ」の全体像を具体的に示すものが学校経営計画や教育課程全体計画、グランドデザインと呼ばれるものである。管理職や一部の教職員による作成や説明だけにとどまり、「絵に描いた餅」となることは避けたい。

　本書執筆者の八釼明美氏は前任校において教務主任として、新校長が作成したグランドデザインを学校総意のものにするために、全教職員で「グランドデザイン具現化ワークショップ」[4]を実施した。手順は次のとおりである。

　まず、グランドデザインについての考えを各自が付箋に書く。「グランドデザインにない新たな提案」（桃色）、「グランドデザインを実現するための手立て」（黄色）、「グランドデザインを実行することで見られるであろう理想とする具体的な子どもの姿」（青色）と付箋を使い分けた。次に、学年を

越え経験年数のバランスを考えたチームで整理し、その成果を発表した。

　ワークショップにより、教職員一人ひとりがグランドデザインの趣旨を理解し、日々の授業、学校行事、家庭や地域とのかかわり、担当する校務分掌等において自分に何ができるかを具体的に考えることができた。

処方9　「学校のカリマネ」を踏まえて「各教科等のカリマネ」を考慮する

　各教科および道徳の各々にカリマネが求められるが、児童や地域の実態を踏まえて作成・実施されるスタートカリキュラムや外国語活動、総合的な学習の時間などは、とくに学校の特色を生かしたカリマネが必要である。

　スタートカリキュラムにも学校としてのカリマネ（スタートカリキュラムの全体計画）があり、前年度末までに作成することが求められる。そのうえで、新年度に入り、各担任が児童の実態等に応じて学級としてのカリマネ（週案レベル）を計画し、実施・評価・改善することが望ましい。[5] 具体的な処方については第5章に記す。

　三重県のある中学校では英語の授業のなかで企業を退職した地域の方がボランティアとして生徒の指導に当たっている。長期にわたる海外勤務で培った英語力を生かし、グループ指導や個別指導だけでなく、日本人英語教師とのやり取りも流暢である。また、「英語を学ぶことの意味」を生徒が目の当たりに見ることとなり、キャリアモデルにもなっている。子どもや地域の実情に応じて、その学校としての「英語教育のカリマネ」をつくることが重要である。英語だけでなくさまざまな分野に堪能な方が地域には存在する。このことはすべての教育活動に関連することである。そのような人材を授業で活用することが「社会に開かれた教育課程」実現への早道でもある。

処方10　スタートカリキュラムを「学校のカリマネ」のきっかけとする

　原則的には、スタートカリキュラムとは小学校1年生の入学後から約1ヵ月程度の期間の生活科を核とした特別なカリキュラムであるが、筆者は中学校や高等学校あるいは大学においても同様に必要であると考えている。中学

校や高等学校も小学校 1 年生同様に不安と期待を抱えて入学してくる。

　筆者には実体験がある。きわめて低い自尊感情を抱えたまま小学校 6 年間を終え、「変わりたい」という思いを抱いて中学校に入学した。入学式直後のホームルームでの学級担任の「ええか！お前ら。今日から中学生や。変わろうと思ったら変われるんや！」の一言が自己変革のきっかけになった。担任の言葉は今でも耳に残っている。カリキュラムとして位置づけ、計画的・組織的に取り組むことにより多くの子どもが変わるきっかけになればと願う。

　静岡県立静岡西高等学校では、これまでの初期指導を見直し、スタートカリキュラムとして再構成した。それまでは教師主導で行ってきたが、平成29年度は、初日に「仲間づくりのエンカウンター」と「クラス目標づくり」、4 日目に「学習のルールづくり」といった、仲間づくりやクラス目標づくり、学習規律づくりを生徒主体で行った。⁽⁶⁾その結果、学校適応に関して高い成果を得ている。

　スタートカリキュラムを前年度末までに立てておき、指導計画やワークシート等を準備しておくことによって、1 年団の教師も安心して新年度を迎え、入学してくる生徒と自信とゆとりをもって対峙できる。学校全体を大きく変えるには大きなエネルギーがいるが、1 年次のスタートカリキュラムを 1 年団の教員で構想・計画・実施することで学校全体のカリマネを構築していく契機となる。

処方11　「学校のカリマネ」を踏まえて「学級のカリマネ」を作成する

　「学校や学年のカリマネ」を拠り所としながら、担当した子どもの実態を踏まえて、1 年間かけてどのような力をつけていきたいのか、そのためには仲間づくり、授業づくり、学級経営等をどう進めていくのか、教室環境をどう整備していくのか。新任教員にも求められるカリマネである。平成31年度より、大学の教職科目の教育課程に関する授業においては「カリキュラム・マネジメント」の内容が必須となるが、筆者は「学級のカリマネ」を取りあげていきたいと考えている。

図４　学級のカリマネ例

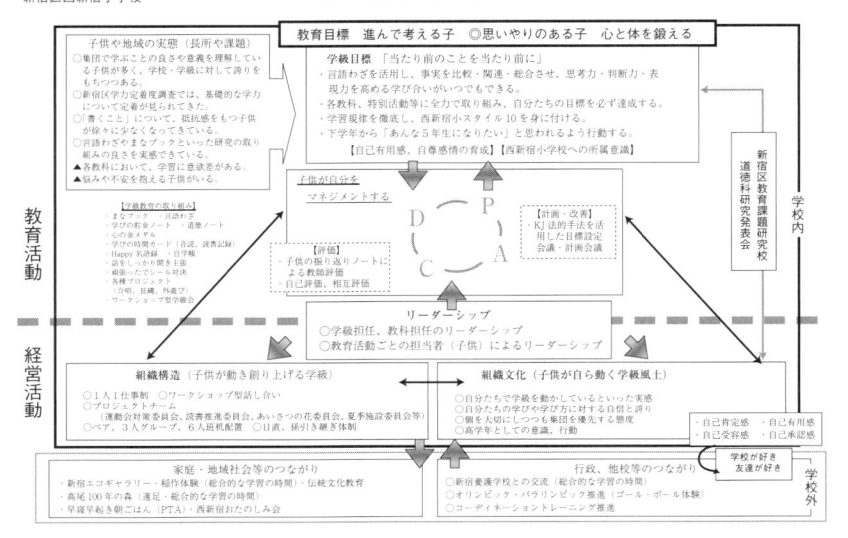

図４は東京都新宿区教育委員会の池田守指導主事（元東村山市立大岱小学校研究主任）が新宿区立西新宿小学校（本書８章）の在任中（平成28年度）に作成した学級のカリマネである。本書２章の西留安雄氏の大岱小学校にかかわった田村知子氏のカリマネ・モデルを基に作成している。西新宿小では全学級で「学級のカリマネ」を作成している。

「学級のカリマネ」の前提は「学校のカリマネ」である。「学校のカリマネ」がしっかりと策定され機能していることで、「学級のカリマネ」が構築され、展開できる。若い教師も「学校のカリマネ」や「学年のカリマネ」を土台として学級づくりや教科指導を進めることができる。

八釼明美氏は現任校の中学校において教務主任として、学校長の考えおよび学校のカリマネに基づき、学級レベルにおいても実現できるように、学級経営案のなかに「学校の重点努力目標の達成状況」のチェックシート（図５）を作成している。学期ごとに達成状況を３段階で自己評価する。「学級のカリマネ」の評価と改善（Ｃ・Ａ）にとどまらず、学校長のビジョンや「学校のカリマネ」の再確認が行われ、学校経営方針に対する全教職員のベクトル

図5

	チェック項目	1学期	2学期	学年末
知	ユニバーサルデザインやアクティブ・ラーニングの視点を取り入れた授業を実施する			
	基礎的・基本的な知識や技能の定着を目指した授業を実施する			
	学習規律の定着と学習環境の整備を意識した授業を実施する			
	発展的な学習を工夫した授業を実施する			
	言語能力、情報活用能力、問題発見・解決能力等を育成する授業を実践する			
	各教科等の特性を生かし、教科横断的な教育課程を編成する			
徳	道徳の授業を充実させ、人権意識を高め、思いやりのある生徒を育成する			
	日記指導や教育相談を充実させ、心と心をつなぐ生徒指導をする			
	挨拶・返事の指導の充実を図る			
体	命の大切さを実感できる学びを大切にして、たくましく生き抜く力を身に付けさせる			
	「ハッピータイム」等を活用しながら、コミュニケーション能力を伸ばす			
	体験活動や特別活動を重視する			
地域	家庭・地域・小学校と連携しながら教育活動を展開する			
	地域行事やボランティア活動への参画を呼びかける			
その他	靴箱・ロッカーの整頓を励行する			
	「見つけ掃除」を励行する			
	残菜ゼロを目指した給食指導をする			

学級経営案　学校の重点努力目標の達成状況

各学期末の評価（達成できたか　A・B・C）

が一つになる。

 処方12 家庭や地域に自校のカリマネの方針や方策を理解してもらう

　処方8の年度始めのワークショップで改訂されたグランドデザインは、次のような方法で家庭や地域に発信されていった。

①5月下旬のPTA運営委員会で、グランドデザインを示しながら作成までの経緯と方法を伝え、PTAと学校とが運営方針を共有した。

②6月上旬の「親子ふれあい教室」の行事に合わせて臨時の「学校だより」を発行し、保護者にグランドデザインを説明つきで示した。

③6月中旬に開催された学校評議員会において、グランドデザインを説明したうえで、ワークショップを行い、評議員からよい点や改善してほしい点を指摘してもらった。(7) 学校の応援団とも言える学校評議会に対して、グランドデザインを理解してもらうだけでなく、具体的な支援策やアイデアを引き出している。

　学校と社会が共に教育のあり方を具体的に考え共有化していくための基盤づくりが不可欠となる。学校の基本方針を共通理解してもらったうえで、学校と家庭や地域が連携・協力を図るためには、有効な研修である。

 処方13 アクティブ・ラーニング型の研修を取り入れる

　筆者がカリマネに関する講演を行う際には、管理職や教務主任、研究主任といった対象により扱う割合は異なるが、必ず「ワークショップ型校内研修」とセットで話す。カリマネの実現と校内研修の工夫・改善は学校改革、授業改善の両輪である。

　管理職や一部の教員だけが張り切っても学校改革、授業改善は成しえない。教職員一人ひとりが持っている知識や技能、経験や専門性を引き出し繋げ、教材や授業等のカタチにし、日々の教育活動の見直し・改善を図っていくことで可能となる。

　これまで数多くの学校改革や授業改善にかかわってきたが、学校や授業を変えたのは筆者ではなく、その学校の教職員である。筆者が変えたとしたら

校内研修のやり方である。学校訪問を行い、研修直前に方法や内容を変え、研修担当を困らせたことは多々ある。

　筆者が一つの学校にかかわれるのは多くて年に２、３回である。学校や授業を内から変える、日常的に変えていく意識やシステムが重要になる。

　ワークショップ型研修は、まさしく「主体的な学び」と「対話的な学び」を通して「深い学び」を実現していくアクティブ・ラーニングである。教職員一人ひとりが解決すべき課題に主体的に向き合い、同僚や参加者との協議を通してよりよい解決策を見出す。「共通理解を図る」「各自が持つ知識や体験、技能を生かし繋げ合う」「具体的なアクションプランをつくり実行に移す」「絶えず問題を見つけ改善を図る」「互いに学び合い力量を高め合う」が研修の形態やプロセスに内在している。

　ワークショップ型研修は、教職員間の共通理解を図り、具体的な授業改善や学校改革を創出し、その過程において力量を高め合う点において、「研究・研修に対する教員の意欲の差」の問題の軽減に寄与できる。教職員一人ひとりの潜在力を引き出し生かし合うことにより、互いの教育実践力が高まり、学校内に学び合いの文化が醸成される。

 ## 処方14　ワークショップ型研修で若手を育てる

　ワークショップ型研修は学校園種にかかわらず若い教員の力量向上に有効である。受動的な学びではなく能動的な学びだからである。

　たとえば、ワークショップ型の授業研究には、その過程にさまざまな学びの場が組み込まれている。

①まず、授業参観の際には主体的・分析的な観察を引き出す。従来型の事後検討会と異なり、授業の各場面やさまざまな構成要素（板書や発問、教材、個別指導、学習形態、学習環境等々）に関してのきめ細かな協議が予定されているからである。必然的に主体的・分析的に授業参観に臨むこととなる。

②協議前に参観メモを基に付箋に記述する。メモの内容を他者に理解できるように記述し直す必要がある。そのときに概念整理が起こる。

③記述した付箋を出し合う。同じ場面や授業要素であるにもかかわらず見方

やとらえ方が異なる。自分なりの意見や解釈を具体的に記述しているからこそ、同僚のそれと比べることで深い学びがおきる。

④付箋を整理し小見出しをつけ、グループ間の関係（因果関係や対立関係など）を矢印等で明らかにする。たとえば、学習が停滞したとしたら、その直前の指導等に問題がある。授業はさまざまな要因・要素が複雑に絡み合っている。授業を関係的・構造的にとらえる力が身につく。

写真1・2は、甲南女子大学3年の演習の様子である。各学生の教育実習のビデオ記録を分析している。写真1が「指導案拡大シート[7]」で分析している様子、写真2が「概念化シート[8]」で分析した成果物である。書かれている内容や授業の分析結果は現職教員と大差はない。授業のどこに課題があるか。教師がどのような手立てを打てば、子ども一人ひとりのよさを引き出し、「主体的・対話的で深い学び」を創り出すことができたかを自分たちの力で見出している。

⑤分析結果を他のチームに説明する際に改めて自分の言葉で授業を関連づける。また、他チームの分析結果と比べることで新たな視点を学ぶ。

写真1

授業研究だけに止まらず、自分なりの「考えのタネ」を持って研修に臨み、先輩教員や異なる専門教科の教員、研修講師の考えと比べたり繋げたりすることを通して、授業の見方・つくり方を深く学んでいくこととなる。

写真2

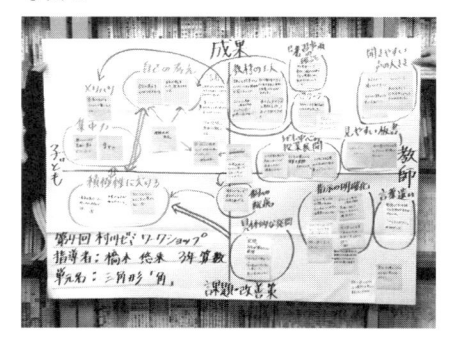

 処方15　改めて学校のよさや問題点を明らかにし、共有化を図る

教育目標やその具体である育成を

めざす資質・能力の設定を行ううえで、子どもや地域の実態を把握し、共有化することが前提である。とくに、教科指導や生徒指導、部活動や生徒会活動指導にどの教員も熱心に取り組んでいるにもかかわらず、生徒指導面や学力面の課題がいっこうに解決しない学校は、実態把握と共通理解が十分に行われていない場合が少なくない。一方、「わが校はほとんど問題がありません。子どもは素直で学力的にも高いほうです」という反応もある。課題というのは、ある一定の水準に比べてマイナスの場合だけではない。「さらに高みをめざす」という課題も存在する。とくに、子どもたちは先行き不透明な次代を生き抜いていかなければならない。教科学力の定着に安住することなく、次代を行き抜くうえで必要とされる資質・能力の育成をめざして授業改善、学校改革を断行していきたい。

　かつて生徒指導困難校であった山口県岩国市立川下中学校は、その後落ち着きを取り戻した。しかし、それに安住するのではなく、「確かな学力推進事業」を受け、学力向上をめざした。校内研究を始めるにあたり、生徒の実態把握を行った。

　そのときの研修で活用したのが「概念化シート」である。縦軸を「よさ」と「課題」、横軸を「生活面」と「学習面」とし、教職員を4グループに分けて整理・分析を行った。その結果、「主体性」「向上心」「表現力」の課題解決のために「自ら学び、豊かに、表現できる生徒」、「基礎学力」「聴く力」「表現力」の課題解決のために「学びの基盤づくりと聴き合う、伝え合う生徒」という研究主題と副主題を掲げた。「学びの基礎づくり」としての「学習の手引き」の開発、授業改善の視点としての言語活動の充実、教師の指導技術の向上のための「かわしもモデル」の作成等を行い、学力向上を果たした。

　中央教育審議会答申（平成20年1月）で示された「知識・技能の活用など思考力・判断力・表現力等をはぐくむための学習活動」として示された「①体験から感じ取ったことを表現する」「②事実を正確に理解し伝達する」「③概念・法則・意図などを解釈し、説明したり活用したりする」「④情報を分析・評価し、論述する」「⑤課題について、構想を立てて実践し、評価・改善する」「⑥互いの考えを伝え合い、自らの考えや集団の考えを発展させる」を教科ごとに具体的な活動レベルで開発し実施した。この学習活動例を授業改善の

指針として取り組み、授業改善を図った学校は少なくない。大岱小学校や広島県廿日市市立大野東中学校もその一つである。⁽¹⁰⁾

 処方16 「学びのインフラ整備」を全教職員で進める

　教科学力向上だけでなく汎用的な能力の育成に繋げるための授業の質的改善をめざす「主体的・対話的で深い学び」の実現のためには、子ども一人ひとりが安心して自己の思いや考えを述べ合い、受け入れ合い、認め合い、繋げ合える受容的な関係づくりや学習規律、学習技能の定着に学校をあげて取り組み定着させていくことが求められる。筆者は「学びのインフラ整備」と呼んでいる。

　新学習指導要領では総則のなかで「基礎的・基本的な知識及び技能を確実に習得させ、これらを活用して課題を解決するために必要な思考力、判断力、表現力等を育むとともに、主体的に学習に取り組む態度を養い、個性を生かし多様な人々との協働を促す教育の充実に努めること。その際、児童（生徒）の発達の段階を考慮して、児童（生徒）の言語活動など、<u>学習の基盤</u>をつくる活動を充実する（以下、略）」（下線は筆者による）と示しているように「学習の基盤」と呼んでいる。このことはカリマネのカリキュラムのPの具体ととらえることができる。

　大岱小学校の「まなブック」、広島県福山市立新市小学校の「新市スタディー＆マナー」（低学年版と中高学年版）、東京都新宿区立大久保小学校の「おおくぼ探究マップ（生活科編）（総合編）」⁽¹¹⁾、川下中学校の「学習の手引き」のようにカタチにすることで、教員間および子ども同士での共通理解がより明確になる。とくに、若い教員にとっては中堅・ベテランとタッグを組んで子ども用の手引きを作成すること自体が授業実践力を高める研修につながる。

 処方17　教科横断的な視点により教育内容等を再構成する

　学校が掲げた目標や資質・能力は各教科等のなかでの閉じた学びだけで実現することはできない。環境や福祉、健康や安全、防災などの現代的諸課題の問題解決において各教科等の知識や技能を関連づけて総合的に活用するこ

とが求められる。

　そのためには、各教科等の教育内容を、教育課程編成において必要に応じて動かしたり、関連づけたりすることが必要となる。総合的な学習の時間ではすでに行ってきたことである。

　今次改訂では、資質・能力の視点から教育課程全体を見直そうとしている。総合的な学習の時間と各教科等の関連においては、これまではどちらかといえば内容面からとらえていたが、今後は資質・能力面においてのとらえ直しも必要となる。

　高知県四万十市立中村西中学校では「総合的な学習の時間と各教科等との関連」ワークショップ[12]において、資質・能力面（ワークショップ時は「スキル面」）と内容面とで付箋の色（「資質・能力面」は水色、「内容面」は桃色）を変えることで両者への意識づけを図った。

　小学校では、これまで行ってきたように生活科や総合的な学習を中心に、各教科等との関連を図ったり必要に応じて学習内容の再編成を行ったりすることは比較的容易であるが、中学校や高等学校では、教科担任制のために困難である。たとえば、岩手県立盛岡第三高等学校では、授業公開を日常化し一部分でも他教科の授業を見合うことで、今どのような内容を扱っているのかを互いに理解することで、担当教科の内容と他教科等の内容との関連を意識した指導を可能とした[13]。また、三重県鈴鹿市立千代崎中学校では、空き時間が一緒の教員でチームを組み一つの授業を参観しワークショップ型授業研究を行った[14]。自習を行うことなく、3週間（実質3日間）で15の授業研究を行っている。短期間の間に多様な教科の授業を参観した教員も多く、盛岡第三高等学校と同様に、教員一人ひとりが日常的に教科横断的な視点を持ち自分の教科指導に生かすきっかけとなるよい取り組みである。

処方18　校内研修の時間を生み出す

　今次学習指導要領改訂では全体にかかわるものとして「主体的・対話的で深い学び」や「カリキュラム・マネジメント」「特別の教科　道徳」が、小学校では「外国語活動と外国語」や「プログラミング教育」がある。研修事項が目白押しである。一方で「働き方改革」が叫ばれている。この矛盾をど

う解決するのかは大きな共通課題である。

　大岱小学校では「仕分け」を行った。「教務」「行事」「人材育成」「校内研修」の各事業において「変更」「廃止」「新規」の視点から見直しを図った。[15] 授業改善や生徒指導改善には、授業づくりや教材研究、何より子どもとのかかわりの時間を確保する必要がある。絞り込むことにより教員に余裕が生まれる。何よりも、各事業の意義を本質的に考え見直すことにつながる。一つひとつの取り組みが子どもや教員にとって真に意味あるものへと改善される。たとえば、「授業」「教務」「行事」「研修」などのチームに分かれ、「概念化シート」の縦軸を「効果あり－効果なし」、横軸を「実施しやすい－実施しにくい」とし、シート上に事業や手立てを記した付箋に書き、置きながら協議する。問題点については、廃止や縮減を含めた改善策を具体的に考えたい。

　15年ほど前になるが、総合的な学習の時間の先進校である高等学校ではその定着・充実のために総合的な学習の時間に関する研修を週あたり7回実施していた。高等学校の総合的な学習の時間の研修はおおむね年間1、2回と聞く。驚異的な回数である。各教員の教科等の授業担当を調整し、平日の校時程のなかで学年ごとの研修時間を2時間ずつ確保していた。

　カリキュラム実現につなげる研修のための時間の生み出しや確保はカリマネのマネジメントの一つである。

処方19　教育課程の実施状況の評価を通して見直し・改善を図る

　教育課程を編成し、実施し、評価して改善を図る一連のPDCAサイクルを確立するうえで、各種調査やデータの分析・活用が重要である。筆者は小・中学校の指導を複数年継続して行うことが多いが、授業が改善された学校は各種調査の関連項目に必ず数値として表れることを実感する。

　全国学力・学習状況調査（以下、全国学調）や都道府県版学力調査、新体力テスト等の各種調査のデータを、授業改善や学校改革に生かすことが重要であり、それらの調査結果や日々の子どもたちの姿を踏まえて、教育課程の「P（計画）・D（実施）・C（評価）・A（改善）サイクル」を確立することが必要である。

その際、全国学調の結果を一部の学年や教科の教員だけで分析・検討するのではなく、結果はすべて学校の成果であり、課題であると受け止めることが大切である。とくに、課題に関しては具体的な改善策を学校全体で模索し、その実現に取り組むことが必要である。新体力テストに関しても、その結果に基づいて子どもたちに特定の能力を伸ばす運動プログラムを考え実行させ、体力の改善を図った取り組みも見られる[16]。

全国学調や都道府県版学力テスト等の結果を踏まえて、研究の方向性や年間指導計画を見直すことも重要であるが、日頃の子どもの姿を基に日常的に見直し・改善を図っていくことが重要である。その日の授業の反応を踏まえて次の授業の内容や方法を改善していく短期的なPDCAは、これまでも一般的に行われていることである。

子どもたちの日常的な姿を中心にカリキュラムの見直し・改善を図る研修として「年間指導計画を全教職員で見直し次年度に繋げる」ワークショップ[17]を勧めている。ワークショップ型授業研究の「指導案拡大シート」の応用である。指導案の代わりに、年間指導計画を模造紙サイズやＡ３に拡大したものと付箋を３色（水色、黄色、桃色）用意する。付箋の使い分けは、１年間の実践を振り返って、「よかったので来年も続けるべき」（水色）、「うまくいかなかったのでやめたほうがいい。改善の余地がある」（黄色）、「今年はできなかったけど来年はこうすればいいのではないか」（桃色）である。実践を踏まえての気づきやコメントを書き、年間指導計画の該当箇所に貼る。そして、その成果物を次年度の該当学年の教員に手渡すのである。改善案の作成自体は次年度の当該学年の教員に委ねる。年度末に実践（Ｄ）を踏まえての見直し・改善（Ｃ・Ａ）を行い。年度始めにそれを受けての改善・計画（Ａ・Ｐ）を行う。Ｄ→ＣＡ→ＡＰ→Ｄ→ＣＡ→ＡＰを繰り返すことで、PDCAサイクルを確立していくのである。子どもや地域の実態や特性を踏まえて、継承しつつも形骸化しないために有効な方法である。

処方20　教職員の総意で校内研究を展開する

処方４でも触れたが、各学校が編成した教育課程の実現を果たしていくうえで校内外の人的な体制づくりは不可欠である。まず、校内において教職員

の協働性を高めたい。校長のリーダーシップのもと、教職員一人ひとりが目標およびその実現のための方策に関して共通理解を図るうえで、処方8や処方16で紹介したワークショップは有効である。

　また、何らかの研究指定を受けた場合に、その方向づけや具体的な方策を教職員全員で策定することで、さまざまなアイデアが創出されるだけでなく、研究指定が自分ごととなり、教職員の主体性、学校全体の協働性が高まる。それをきっかけにしてカリマネが推進していく。

　長崎県長崎市立稲佐小学校は平成18年秋に社会科の全国大会会場校を受けた。その新年度初日にワークショップを行った。まず、研究主任の説明を聞きながら、全員が「大会までにすべきこととしたいこと」を付箋に書き、6名ずつに分かれてKJ法で整理した。小見出しにあたる言葉を短冊に書き、その短冊を黒板に貼り、模造紙のうえで再びKJ法で整理した。複数チームの成果を学校全体で整理する際には、「短冊法」[18]が便利である。大きく6つの課題にまとめ、課題ごとにアクションプランを作成し、発表により共有化を図った。研修から2日後には「研究組織（案）」と「校内研修年間計画」がメールで届いた。管理職や研究主任が研修計画や組織づくりを行い、トップダウン的に進めていくのではなく、教職員一人ひとりが研究大会に向けた取り組みを自分ごととしてとらえ、意見やアイデアを提供し、それらを整理し形にして、ボトムアップ的に取り組んだ。全国大会は成功裏に終わった。

　どのようなテーマの研究指定であってもそれを学校改善のきっかけとして、全校的に取り組みたい。教職員の総意を引き出し整理するうえで「短冊法」は有効である。とくに、大規模校においてその効果は大きい。

 ## 処方21　学校段階間の接続・連携を図り、資質・能力を育む

　困難が予想される次代を生き抜くと共に次代を創造するうえで必要な資質・能力は幼児教育から義務教育、高等学校教育を貫いて育まれるものである。小学校では「幼児期の終わりまでに育ってほしい10の姿」を意識して幼児教育と中学校教育、中学校では小学校教育と高等学校教育を意識して、円滑な接続が図られるように教育内容や教育方法の計画・実施、評価・改善を進めていくことが重要である。

　今後、各学校のカリマネの充実化を図るうえで欠かせないのが地域単位のカリマネである。「資質・能力の育成」および「社会に開かれた教育課程」を実現していくうえで、地域教育行政が各学校のカリマネ実現を支援していくことが求められる。

　大分県佐伯市は、平成28年1月に「総合的な学習の時間を要とした『ふるさと創生プラン』戦略会議」という名の研修会を実施した。小・中・高の管理職や教諭、教育行政、研究者による混成チームを5つ編成した。まず、「ふるさとを愛し、ふるさとの未来を創造する力」として、具体的にどのような資質・能力を育んでいけばよいのか、チームごとに3つ選定した。そして、その3つの力を育むために、小・中・高が総合および各教科等の学習の内容や方法に関してどうタテ連携を図り、家庭や地域、教育行政がどうヨコ連携を図りながら学校を支援していけばよいのか、各々の経験や専門性を出し合い繋げ合って構想を練った。その後、このときの成果を基に教育事務所が戦略を考え、12年間を見通した資質・能力を踏まえての幼・小・中・高のタテ連携に取り組んでいる。

 ## 処方22　明確なビジョンと確かな実行力、豊かな表現力で学校を牽引する

　授業改善や学校改革を成しえた学校の校長には、学校種を越えてのいくつかの共通点がある。

　一つは、時代の変化を見据え挑戦する進取の気概と先達に学ぶ姿勢である。西留安雄氏は大岱小学校長時代に、当時の言語力育成協力者会議の動きに注目し、研修課題に取りあげ、言語活動を重視した研究先進校視察を手分けして行った。そして、具体的なカタチ（「学習のわざ」「言語わざ」「振り返り」「ノートコンクール」など）にし、日常的な授業を通して実施・評価・改善を行い、「大岱モデル」と呼ばれるものを創りあげていった。高橋正尚氏は横浜市立南高等学校附属中学校長時代に「アクティブ・ラーニングの授業づくり」等に学校をあげて取り組んだ。学校創設にあたっては実に多くの先進校を視察している。このように、授業改善や学力向上、研修改善、カリマネなどにおいて効果をあげた学校のよいところを「カリてマネ」て、自校に合

うようにアレンジした学校が多い。

　一つは、「攻めと撤退のタイミング」である。よいと思ったことはすぐにやってみたうえで、「効果がない、無理がある」と実感したらやめる。新たな取り組みが各教室においてどう実現されているか、無理はないかを自分の目で確かめるために足繁く教室を廻る。教室という最前線に身を置き、その取り組みがどう機能しているのか、効果をあげているのかをつぶさに見ているからこそ、自信を持って判断が下せる。改革を実現した学校において、校長室に籠もっている校長にはお目にかかったことはない。各教師のこと、子どもたち一人ひとりのこと、各教室のことを知り尽くしている。

　一つは、豊かな言語力である。とにかくネーミングがうまい。

　大岱小学校の「これっきりシリーズ」（基礎・基本の習得をめざし独自に開発した問題集）や「Ｏ（大岱）Ｊ（常識）Ｔ（手帳）」（若手研修会で使用する資料）、「がっくりコーナー」（学校で起きてはならないことの注意を呼びかける掲示板）、「大岱指導修自」（研究協議でコメントをする役）など実にユーモラスである。8章の清水仁校長の「"やっちゃえ" NISISIN」には脱帽である。

　8章の嶺北中学校の大谷俊彦校長も同様である。学校で育みたい資質・能力は「嶺北ACT（Action：行動する力、Collaboration：協働する力、Thinking：考える力」、学力向上対策は坂本龍馬の「船中八策」になぞらえて「嶺中八策」、生徒自身が自己のさまざまな体験や学習を関連づけていく「知の総合化」[19]のツールには「MIRAIノート」（Modern：モダンな、Idea：発想で、Research：物事を探究し、Action：自ら行動を起こし、Innovation：自分の未来を切り拓こう）と命名している。親しみやすくわかりやすくかつ意味を込めたネーミングはその理解と定着に一役を買っている。

〈参考・引用文献〉
⑴　村川雅弘・野口徹・田村知子・西留安雄『「カリマネ」で学校はここまで変わる！』ぎょうせい、2013年。
⑵　文部科学省「小学校におけるカリキュラム。マネジメントの在り方に関する検討会議報告書」2017年2月14日。
⑶　田村知子「カリキュラムマネジメントの全体構造を利用した実態分析」、田村知子・

村川雅弘・吉冨芳正・西岡加名恵『カリキュラムマネジメント　ハンドブック』ぎょうせい、36〜55頁、2016年。

(4)　村川雅弘「グランドデザインの具現化」『ワークショップ型教員研修はじめの一歩』教育開発研究所、58〜59頁、2016年。

(5)　八釼明美「「スタートカリキュラム」のカリキュラムマネジメント」前掲書(3)、128〜134頁。

(6)　村川雅弘「高等学校のスタートカリキュラムとアクティブ・ラーニング」『新教育課程ライブラリⅡ』VOL.6、ぎょうせい、58〜61頁、2017年。

(7)　前掲書(4)、41頁。

(8)　前掲書(4)、39頁。

(9)　山口県岩国市立川下中学校「全教職員で子どもの実態を把握し目標と手立てを共有」前掲書(1)、101〜113頁。

(10)　広島県廿日市市立大野東中学校「美しい大野東中学校生徒を目指して」前掲書(1)、123〜132頁。

(11)　東京都新宿区立大久保小学校「生きて働く『言葉の力』の育成」前掲書(1)、52〜61頁。

(12)　前掲書(4)、74〜78頁。

(13)　村川雅弘「確かな学力と豊かな人間力の育成を目指すバランスあるカリキュラム」前掲書(1)、142〜149頁。

(14)　前掲書(4)、51頁。

(15)　村川雅弘・田村知子・東村山市立大岱小学校『学びを起こす授業改革』ぎょうせい、2011年。

(16)　遠藤芳治「自らの健康・体力への気づきと運動の生活化」平成24年度鳴門教育大学教職大学院最終成果報告書、2013年。

(17)　前掲書(4)、72〜73頁。

(18)　前掲書(4)、38頁。

(19)　村川雅弘・三橋和博『「知の総合化ノート」で具体化する21世紀型能力』学事出版、2015年。

管理職による小学校のカリマネ

2章

管理職による小学校のカリマネ12の処方

高知県教育委員会スーパーバイザー／元東京都東村山市立大岱小学校長　**西留　安雄**

　学校は、「共通理解」を大事にする会議があまりにも多い。また、自分の考えを主張する教師も多い。これまで学校・教師の横並び、画一主義、閉鎖性、形式主義、事なかれ主義などの負の面を感じた。それは、学校・教師優位的な発想があり、当たり前ではない学校常識がいまだにあるからだ。

　時代は、授業にもアクティブ・ラーニングの学びを求めている。だが、児童観・授業観でも個々の教師にずれがある。学級担任や教科担当が変わるたびに授業の手立てが大きく異なったりする。それは、教師間の不干渉文化が依然として続いているからだ。教師は、自分の指導方法のことについて他から干渉されたくないし、干渉もしない。だから研究協議会において課題を指摘するより成果を述べ合うことが多いのだ。「授業を批判すると人間関係を壊す」という発想が根底にあると思う。教育課程の作成も「例年どおり」という意識が教職員に根強い。その背景には、忙しい現場では学校改革をしなくてもよいという意識に陥るからだ。自転車操業のような状態で教職員が格闘しているのが現状ではないだろうか。ゆとりのある仕事をしていくためにも「これまでの学校の当たり前」をやめるしかない。

　私が学校改革をするうえで大事にした理念は二つある。まず、前々回の学習指導要領の趣旨である「ゆとりある教育活動」を展開することだ。時間的にも、精神的にもゆとりある教育活動を展開すれば子どもはじっくり学習できる。前々回の学習指導要領の改訂でも「子どもと向き合う時間の確保」が指摘されたほどだ。私は、学校改革の原点をここに見出している。

　学校改革を行う現場は、「よく考えてから」「周りの意見を聞いてから」とすることが多い。これでは学校は変わらない。そこで、改革のスピードを上げてどんどん実行していくことを教職員に伝えた。キーワードとして、「改革・開発・簡素」を示した。

〈新学校システム〉

　かつての勤務校は、めざす学校像を「子どもと教師が向き合う学校」とした。子どもは自ら学び、教師と接するなかで学力を高めていく。この学校として当たり前のことをめざすことを学校像とした。教育の原点である、「子どもの側に教師がいつもいる」このことを大切にしたかったからだ。また、学校改革で大事にしたことは、新たな学校創りの仕組みだ。学校は改革の仕組みがあれば変わる。その仕組みを構築できるのは校長だけであると考え新しい仕組み創りを行った。

　まず、学校改革を進めていくための事業仕分けを行った。会議の厳選、運営方法の見直し、学力向上策の見直し、校内研究の改善などが中心となった。なお、羅生門的発想や年度の途中でも変えるべきことは変えるという校長の経営方針で進めた。

　学校改革の中心にしたのは、新学校システムだ。新学校システムは、教育活動直後にワークショップで評価し、改善・計画を一気に行うシステムだ。「直後プラン」である。この直後プランで、これまでの職員会議ではできなかったスピードある教育課程づくりが可能となった。また、一役一人制の運営組織、事案決定システムの構築も併せて行った。休み時間に教師が子どもと遊び始めたのはこのシステムを構築した頃からだ。

　新学校システムの土壌づくりを進めるためには、校長がリーダーシップを発揮することが重要だ。そこで、次年度の経営案を教師に早め早めに提示することに心掛けた。めざす学校像と研究指定校を受けることを教師の異動時期の前に示した。それは、次年度から厳しいことが始まることも伝えたかったからだ。異動者が多く出ることを予想したが少なかった。以来、教師に次年度の学校のあり方を異動前に示し、異動をするかどうかを決断させるようにした。

　学校視察に来校される多くの方の質問は、なぜ学校改革が成功したかであった。前記した内容と合わせて校長としてのリーダーシップを次のように説明した。改革当初は、教職員の反発や疑問の声があがった。だが、校長についてくれば改革は成功することを語り続けた。全国の学校を視察し、書物を

紐解き、自らの考えを構築してきたからである。これまでの学校常識にとらわれず、よいと思ったことをやれば学校は必ず変わる。新学校システムは、東京都の学校で行った実践をご紹介する。

処方23 「直後プラン」により次年度のカリキュラムを即時的に作成する

　従来のPDCA教育課程マネジメントサイクルでは、教育活動後の評価・改善・計画案の作成が遅い。そこで、実践直後に出た課題を教職員がワークショップ形式で評価をし、改善策・計画案を立てるDCAPマネジメントサイクルの教育活動を同時期に行う方式を開発した。年度末評価なし、新年度計画なし、職員会議なしとなり子どもに向き合う時間が確保できるからだ。

　その方法として、①行事実施後すぐに全員のミーティングで改善点を聞く、②改善点について担当者が判断して起案する、③起案が通ったら直近の職員打ち合わせ会で報告する、④起案されたプリントは各自がファイリングする、⑤直後プラン冊子に入れる。

　運動会を例に「直後プランDCAPマネジメントカリキュラムサイクル」（図1）を紹介する。運動会実施後「D」、ワークショップ型のミーティングで

図1

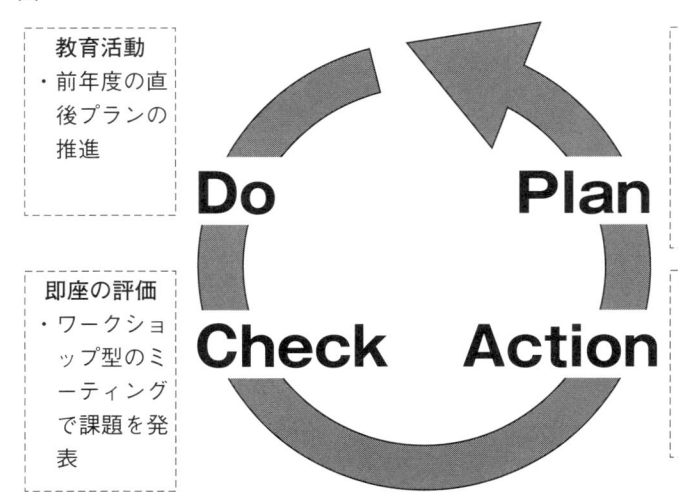

評価「C」を行う。立ったまま教職員・ボランティアが評価を行い改善策「A」を出し合う。一役一人制の担当者は、改善策をまとめる。次の日には、新年度の計画「P」を立て、事案決定システムを通して校長の決裁を受ける。その後、全員に周知する。教職員は、新年度の計画案を翌年度のファイルに閉じる。

 ## 処方24 「教育課程進行表」により教育活動の進行を管理する

通常は教務主任が中心となり教育課程の進行管理を行うがうまくいくとは限らない。そこで、教育活動の数ヵ月前に行う「直前プラン」「2週間前の打ち合わせ」「実施後の直後プラン」の3サイクルで教育課程の確実な進行管理を行うようにした。

(1) **直前プラン（3ヵ月前）**

前年度に教育計画案ができているので直接、実践(D)から入ることになる。教育活動の3ヵ月前の打ち合わせ時に、直後プランの冊子に目を通すよう一役一人制運営組織の担当者が指示をする。

(2) **2週間前の打ち合わせ**

職員打ち合わせ後に、2週間後の教育活動を担当する教職員・教務主任・副校長・校長が集まり、教育活動の実施が可能かどうかの最終の確認をする。一役一人制の担当者が職務を推進しているかどうかの確認も行う。

(3) **直後プラン**

教育活動直後(D)に、評価(C)・改善策(A)を全職員が立ったままワークショップを行う。このワークショップがこれまでの職員会議だ。そのワークショップを受け一役一人制の担当者は、次年度の案(P)を立案する。鉄は熱いうちに打ての論理だ。

かつての勤務校で

写真1

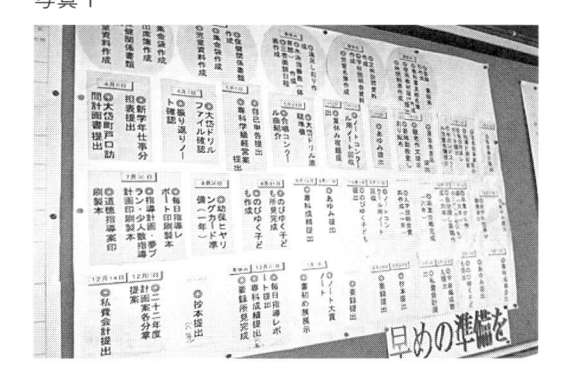

は、教育課程進行管理表も作成した（写真１）。１年間の仕事には、どんな仕事があるのか、いつから始めるとよいのかを自覚させるためだ。これにより教職員の職務遂行は順調に行うことができた。教育課程の進行暦を職員室に掲示したからだ。農家に農事暦があるように、学校も教育課程の進行暦を作成すれば、教職員はゆとりをもって職務を遂行できる。「その日暮らし」的な事務から解放される。

 処方25 「事案決定システム」による一役一人制で事案決定を行う

従来の事案決定システムは、担当者が提案資料を月１回の委員会へ提出し、そこで検討した文書を企画委員会で審議し職員会議で共通理解する形式である。「担当者→月１回の各種委員会→企画会議→職員会議」というラインである。このシステムは、決定するのに時間がかかる。教職員の総意で決定する形式だからだ。そこで、校務一役を担当する職員一人に起案をさせた。作成した起案文書は、「担当者→主任教諭→主幹教諭→副校長→校長」のラインで決裁し、教職員に周知するようにした。学校独自の事案決定システムの開発により、スピードのある決裁ができた。校長の経営方針も浸透した。これまであった事案決定システムを通さないで提案する文書はほとんどなくなった。

図２

新学校システム

事案決定システム

従来型 担当者→各種委員会→企画会議→職員会議

担当者《起案》 主任 主幹 副校長 校長 決裁

スピードのある決裁

社長の経営方針が確実に反映

現在、この事案決定システム（図２）を全国の学校へ導入している。その多くの学校は、県としての管理運営規則は変えないなかで導入をしている。

教職員には、会議を減らすための一つの方法であると説明し実施を促しているようだ。当初は、教職員から異論も出たという。だが年を追うごとにこの事案決定システムに慣れたため、現在では自然に行われている。「校長の経営方針」を強く打ち出すことには勇気が要ったと思うが、時期を逸しないことに徹したことがよかったと思われる。

　全国には、この事案決定システムが整備されず、私がかつて悩んだことを感じとっている校長もいるかもしれない。事案決定システムで諸課題が一気に解決ができることを経験した者からお伝えしたいことは、早急に導入してほしいことだ。学校でしか通じない常識をこのシステムで変えられると思う。

処方26　一役一人制で会議を削減する

　毎年あまり変わらない内容を職員会議などで討議している。そのため、校長の経営方針が浸透しきれない、決定に時間がかかるなどの課題が出る。ひと月に、3回以上の会議をするからだ。そこで、何もかも共通理解をするのではなく、意見があれば担当者に伝えるという方法を考案した。それが校務一役を一人で担当する分掌組織だ（図3）。

図3

一役一人制の運営組織表

○教務部

離任式	卒業式	入学式	道徳計画	仕事暦	直後計画	外国語	交流	学級編成	担任制	テスト	三者面談	移動教室	行事予定	指導計画	教育計画
A	A	A	A	A	A	B	B	B	B	B	C	C	C	C	C

○生徒指導部

地域指導	休業指導	遠足指導	落し物	一斉指導	連携教育	きまり	指導体制	清掃美化	集団下校	児童机	集会指導	避難訓練	安全計画	緊急対応	児童靴
D	D	D	D	D	E	E	E	E	E	E	F	F	F	F	F

・部会提案は行わず、個人の提案とする　　・主任は個人提案の進行に留意する
・審議を要する大きな提案は、主任提案とする・事案決定規定に基づき文書で提案

①教育活動直後に立ったままのワークショップで、一役一人制校務分掌組織の担当者が次年度の教育活動の改善策を聞き取る。

②「担当者起案→主任教諭→主幹教諭→副校長→校長」のラインで決裁をする。

　一役一人制校務分掌組織での事案は部会提案ではなく個人提案のため、従来の教務部会などの各種部会、運動会委員会などの会議を削減できる。一人ひとりに権限委譲ができるため、教職員に学校貢献意欲も出てくる。教職員

は会議がないため、休み時間や放課後にも子どもと遊ぶことができる。「教師は子どもの傍を離れない」、本来の姿に戻れる。

 処方27　12月決算の教育課程編成により3・4月の多忙感を解消する

　4月から3月の教育課程サイクルの常識を崩す。通常は、教育課程編成や学級の諸事務が3月から4月に集中し、教職員に過度の負担がかかる。このことが、子どもへの指導に影響をする。そこで、12月までに学校評価と新年度計画を終えるようにする。学校独自で1月より新年度の教育課程を新しい学校運営組織で行うように改める。このことで教職員の多忙感がなくなり、ゆとりが生まれる。

　かつての勤務校は、転任してきた教職員が以前の学校との違いに驚くとともに、学級事務のみに専念できることを喜んだ。校務分掌は1月から実施するため4月になっても変わらない。転任者があれば、新しい職員がその分掌を引き継ぐことになる。多くの学校にありがちな4月の組織構築会議もない。3月・4月も普通の月と変わらないため、研究授業を行うこともできる。これが、本来の学校常識と思う。子どもたちや教職員に多忙な3月・4月をいつまでも続けてはならない。

　1月から12月（暦どおり）の教育課程の作成づくりを次のように行うとよい（図4）。

①毎回の教育活動後に新年度案を作成するDCAPサイクルによる直後プランを実施する。

②7月、前期の学校評価を行う。

③夏季休業中に教科の指導計画を作成する。

④10月、後期学校評価を行う。

図4

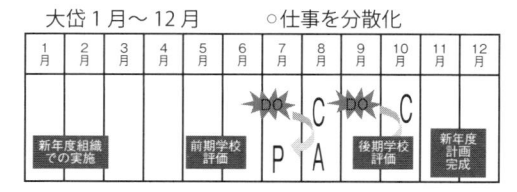

⑤11月、新年度の行事予定を作成する。

⑥12月、教育計画を完成させる。

⑦ 1 月、新校務分掌で進行する。

⑧新クラブ・委員会を開始する。

 ### 処方28　年度末を避け、夏季休業中に次年度の教育課程を作成する

　職員会議に提案する資料を教職員全員の共通理解や何回もの会議で練り直す方法では、ゆとりは生まれない。また、よい案を作成することもできない。そこで学校運営を次のように行うとよい。教職員が比較的ゆとりのある夏季休業中に教育課程を作成する方法だ。

　こうした新しいことを行うには、校長のリーダーシップが重要だ。このことを認識し、教職員を指導する。その際、「夏季休業中に作成する教育課程は、仮決定である。3月に最終決定を行う」ことを伝える。教職員から、「まだ作成の時期ではない」という声が出たときは、「毎年、教育課程の内容はそんなに変わらない」「1年で一番ゆとりのある時期に教育課程を作成する方法が内容がよいものとなる」、このことを伝え実行を促す。

　教育委員会へのこれまでの届け出資料は、教育委員会から指示されてから提出することが多かった。これが学校常識であり何ら違和感もなかった。このことが教職員の多忙感につながった。

　かつての勤務校は、夏季休業中に次年度の教育課程を作成していたため、年度末は教職員にゆとりがあった。教育委員会から指定された届け出資料以外の資料を求められても即座に対応することができた。なお、3月・4月にゆとりがあったため普段の月と同じように、研究授業を行うこともできた。

　ある学校は、他校と同じように、定例の職員会議（月1回）を開催していた。だが議題の多くが紙上提案でも問題がないことに気づき、職員会議を大幅に削減した。あわせて「指導の手引き」「行事の手引き」（**写真2**）を長期休業中に作成した。教師と子どもと向き合う時間が増えたため、不登校の子どもが減り学力向上につながった。

〈新校内研修システム〉

写真2

校務改革で子どもと向き合う時間ができたら、次に行うのが校内研修の改革だ。授業改善が中心となる。これまでの授業は、「教師が教え、子どもが教わる」「教師が発問をし、子どもたちに考えさせる。意見を出させる。それを教師がまとめる」、教師が教え子どもが教わる構図だ。私たちは、こうした授業が当たり前と思い込んできた。そのため、子どもの「主体的」な授業展開ができなかった。教科内容を教える、教科書を教えることに何ら疑問をもたず授業を展開していた。

これからの授業は、「子どもが主体的に動き、教師はそれを認め支える」ことが主となる。「子どもたちが学習のめあてを共有し、子どもたちが解決のために計画や見通しを立て、子ども同士の対話のなかで教え合いをし、課題を解決し、自分の言葉でまとめ、学びに向かう力がついたかどうかを振り返る」。教師が教えず、子どもが主体的に課題解決を図る問題解決的な授業の構図だ。新学習指導要領では、「主体的・対話的で深い学び」と位置づけた。教師は、学習のめあてを子どもたち自身に見つけさせ、全員で課題解決へ向かうように支える。また、できるだけ教えないことに徹し、子どもの主体的な学びを見守り認めるようにする。こうした授業を行えば、教師の指示言葉や説明が必ず減る。

こうした授業改善のなかで、授業展開に慣れていないとか、むずかしいからを理由にしてはならない。それを理由にしていては、学力も絶対に向上しない。高知県ではこの数年、子どもが主体的に学ぶ授業展開を学習リーダーが授業を進行していくシステムとして創ってきた。「教える教師から教えない教師（子どもが教師を頼らず主体的に動く）像」ができている学校もある。

なお、こうした授業方法を学校で決めたら、全教師が同じ方向へ向かわなくてはならない。同じ問題解決的な指導方法・同じ板書用グッズ・同じ板書

内容、子どもも教師も同じ授業観察の項目などのユニバーサルデザイン化を図る。このことにより、教師間の話題は同じになり、自分ならどうするかを考える。

「自分には独自の指導方法がある」「教科の専門を担うのは自分なので他人の意見は要らない」、残念だがこうした姿勢の教師を見てきた。私たちがめざすのは、独自の理論構築をする教師ではなく、全教師が同じように授業力をつけることだ。校内研修はそのためにあることを忘れてはならない。新校内研修システムは、現在行っている高知県の実践をご紹介する。

 処方29　授業観・授業方法のユニバーサルデザイン化を図る

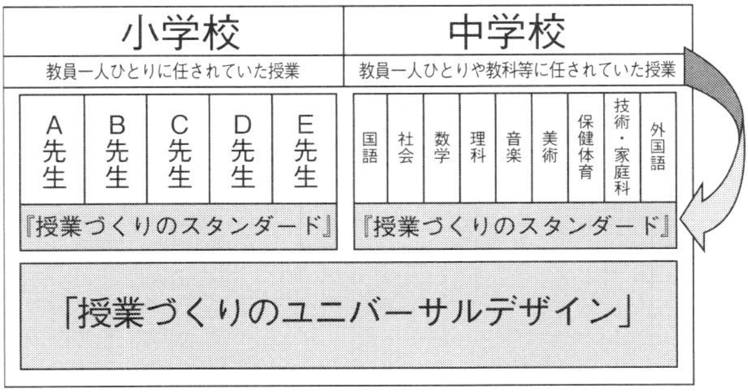

子どもたちは、授業者によって学び方の指導方法が違ったり、教科によって学習過程の名称が違うなど「学びにくさ」「分かりにくさ」を余儀なくされてい

図5

小学校	中学校
教員一人ひとりに任されていた授業	教員一人ひとりや教科等に任されていた授業
A先生　B先生　C先生　D先生　E先生	国語　社会　数学　理科　音楽　美術　保健体育　技術・家庭科　外国語
『授業づくりのスタンダード』	『授業づくりのスタンダード』
「授業づくりのユニバーサルデザイン」	

た。言い換えれば、子どもが教師の授業方法に合わせていたということだ。多くの学校で、小学校であれば教師や学年ごと、中学校であれば教科ごとに、その授業観や授業方法が異なっており、これが学校全体の学力向上の妨げとなっていた。

その解決の方法は、「どの教科にも共通した学び方や学習過程」を校内で統一することが考えられる。授業のユニバーサルデザイン化だ。このことにより、子どもたちは、全教科でより見通しをもち主体的に学ぶことができる。1時間の授業で、主体的・対話的で深い学びを行うことで、授業者の説明・指示・発問等の言葉が減り、本時のねらいの達成に焦点を当てた効果的な授業タイムマネジメントも可能になる（図5）。

処方30　新学習指導要領が求める指導観・指導方法の共通化を図る

　次期学習指導要領の理念の一つが、「教科横断的な学び」である。教科の指導は、教科内容と教科経営の2面から成り立っている。だが、多くの教師が教科内容を指導することだけに目がいきがちだ。そこで、教科横断的な視点で教科経営の学習指導に取り組むことや学び方を統一するとよい。学力（思考力・判断力・表現力）の数値の高い学校の共通点は、教科横断的な学びを統一している。その中心となっているのが学習指導要領に記載されている項目だ。

(1)　問題解決的な学習

　全教科共通の学習過程として、①問題提示、②問いを持つ・問いの共有、③課題の設定、④自力解決、⑤集団解決、⑥価値の共有、⑦振り返りなどの7段階が考えられる。

(2)　言語活動

　学習指導要領から取り出した「書く、読む、話す、聞く、調べる、評価する」といった言語活動を充実することが重要である。とくに、根拠をもとに話す、共通点を見つけて話す、原因と結果を話す、自分と相手の意見の違いを比べる、相手の意見を自分なりに解釈するなどの対話型言語を指導するとよい。

(3)　学び合い

　子どもは、教師の一方的な話を聞くより、自分たちで話し合いをして課題解決を行うことを望んでいる。そこで、①意見を出し合う（単純意見発表）、②出された意見を比べる（考察）、③教師の修正などの3段階の学び合いを行う。

(4)　見通しと振り返り

　学習課題の解決ができるかどうかの確認を行う。見通しの立たない子どもは、仲間からヒントをもらう。課題が解ける子どもは、課題を解けず困っている仲間へ教える。いわゆる教え教えられる環境が必要である。振り返りは、本時で分かったこと、仲間から学んだこと、新たにやってみたいことなどが

振り返りの視点となる。

 処方31　授業前に「学習スタンダード１」（４項目）を意識する

　アクティブ・ラーニングを具体化するための学習過程スタンダードには40項目がある。その学習過程スタンダードには、直前指導４項目＋具体的な学習指導26項目＋事前指導10項目がある。まず、授業直前指導４項目を紹介したい。

①学習の流れグッズの掲示（問題・課題・自力解決・集団解決・ペア・班・友だちの考え・考察・まとめ・振り返り・名札）・学習過程時間案内シラバスグッズの掲示・言語わざグッズの掲示・キーワードの掲示

　どの教科の授業でも使える黒板掲示用の学習の流れグッズを用意する。時間の短縮や授業パターンの定着にもなるからだ。子どもの名札は３セットくらい用意するとよい。名札が黒板に貼られることにより、子ども同士が名札を使い、話をつなげることができる。

②黒板に日付・縦線の記入（ノートには赤鉛筆に１センチの線・日付とページ数・全教科同じ）

　子どもは、ノートに赤の縦線１センチを引きその左側に日付を書く。家庭学習で復習をするときに役立つ。教科によって縦書き・横書きと書き方が違う。

③キーワードの掲示（教科の専門性の向上・教科用語・学習用語・可視化）

　算数や数学だけでなく、全教科のキーワードを授業前に黒板の端に掲示しておく。子どもに教科用語が可視化されているので教師が教えなくても新し

写真３

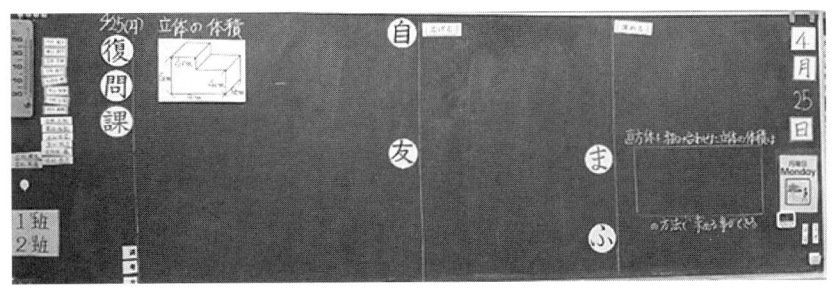

い用語を使えるようになる。教科としての専門性も向上する（**写真３**）。

④教科リーダー（７段階学習過程の司会進行・子どもが一人もしくは交代で・まとめや振り返りを総括・グッズや資料等の掲示）

　これまでの授業スタイルを変えることには迷いがあるだろう。だが、この授業直前指導４項目を指導することで教師が話さなくてもよい授業が可能となる。

 処方32　授業中に「学習スタンダード２」（24項目）を意識する

①前時の振り返り

　ノートや教師が作成した掲示物等をもとに子どもが発表する。

②問題（資料）の提示

　子どもが課題設定づくりに参加する。

③問いをもつ

　個々の子どもの問いにまで落とし込む。

④問いの共有

　解決の見通しを仲間と共有する。

⑤課題の設定

　評価目標と一体化する課題にする。

⑥日付・縦線

　黒板に日付を書く。

⑦課題の青囲み

　課題の書き方を学校で統一する。

⑧課題の３回読み

　課題を読むのは、子どもが本時の課題に正対するためである。

⑨シラバスの提示

　学習過程の流れを黒板に貼ってあるグッズで紹介する。

⑩言語わざ

　毎時間の授業で子どもに使ってほしい言葉を黒板に提示する。

⑪自力解決可否の確認

　解けるかどうかのグーパーのサインの声掛けを行う。

⑫自力解決

　本時の課題やめあてに対して、子どもが個人で解決する。

⑬集団解決

　個人が考えたことを仲間と交流したり深めたりする活動である。

⑭ペア学習

　まず相手のよいところを褒め自分の意見を話させる。

⑮班学習

　子どもが司会をし、班学習を進めるように指導する

⑯学び合い１「単純意見交換」

　班学習等で分かったことを発表させる。

⑰学び合い２「考察」

　共通点や相違点、類似点を見つけさせる。

⑱教師の修正

　ここは、教師の出番である。

⑲まとめ

　本時のめあてや学習課題に対しての結論をまとめる活動である。

⑳まとめの発表

個人で考えたことを３人くらいの子どもに発表をさせる。

㉑まとめのまとめ

発表した仲間のまとめを代表の子どもが一つにまとめる。

㉒振り返り

自分を客観的に見て、学びへのさらなる成長を促す時間にさせる。

㉓振り返りの発表

個人でまとめた振り返りを子どもの数人に発表をさせる。

㉔振り返りの振り返り

仲間の振り返りの内容を一人の子どもがまとめる。

 処方33　学習指導を支える「学習スタンダード３」（12項目）を意識する

①自力・集団解決へ事前ヒント

「大切そうな言葉に線を引く」「文にならなくても書き出す」等のヒントをシラバスのときに示す。

②まなブック

「まなブック」には、司会の仕方、ノートの書き方等の例が示されている。

③机間指導赤ペン

自力解決の時間に、教師は赤ペンを持って机間指導を行う。

④立場を添え挙手

「立場を添え挙手」とは、自分の意見が相手の意見に対してどう違うか、同じかを立場を添えて発表することである。

⑤練り上げ言語わざ

「前の発表者の名前」は、前の発表者の名前を言いその意見と関係づけて自分の意見をつなぐ方法である。

⑥話す場所４ヵ所

聞き手が聞きたくなるように立つ位置や話す向きを指導しておく。教室の前、後、左右など４ヵ所で発表させるとよい。

⑦聞き方（反応）

「反応」は、相手に「聞いていますよ」というメッセージを送ることである。

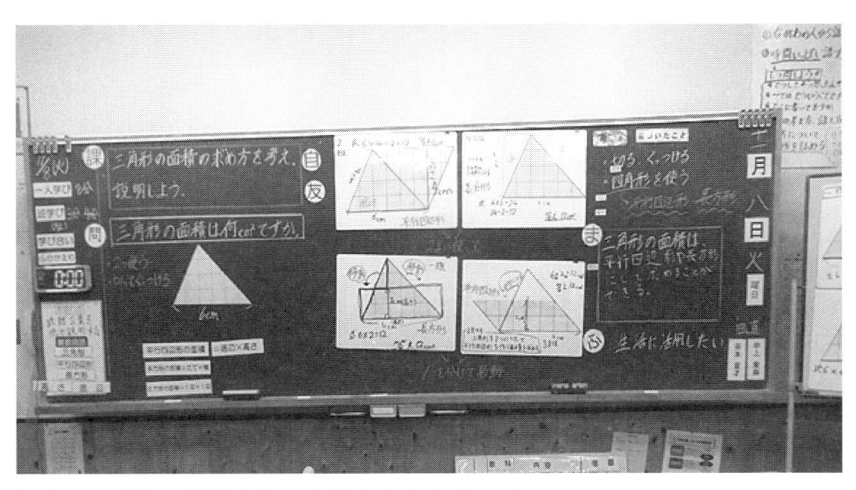

相手への受容や尊敬などの気持ちが伝わりやすい。

⑧ホワイトボード1（個人）

　班で話し合った内容を全員がホワイトボードに書き、黒板に提示し、それをもとに考察をする。

⑨ホワイトボード2（班代表）

　全体の練り上げができにくいときに、班の代表者が発表をして練り上げていく方法である。

⑩板書に徹底

　子どもが「集団解決」や「まとめ」のときには、教師は、板書に徹し介入しないようにする。

⑪ノートづくり

　子どもたちの思考の流れを記述させるのがノートだ。単に板書を写すのではなく、自分の考えや友だちの考えを書くようにさせる。

⑫ミニ授業反省会

　子ども版の研究協議会である。授業を子ども全員が振り返ることで、次の授業改善に生かすことができる。

 処方34　「まなブック」を活用して子どもたちで授業を進めさせる

　今までの授業研究は、教師間、すなわち大人だけで行うのが学校常識であ

った。子どもが協力する余地はなかったからだ。こうした学校常識では、子どもが受け身になり何も変わらないと考え、高知県のある学校は授業の手引き書である「まなブック」（図6）の開発を行った。

「まなブック」に収録した内容は、①問題解決的な学習の流れ、②授業のなかで学び合うための言語わざ、③学び合いの方法、④授業の振り返りの書き方、⑤各教科ごとの授業の進め方、⑥ノートの使い方などだ。

教師間で「まなブック」を使用するに当

図6

たり確認したことは、①全教科・全領域で問題解決型の指導方法をとる、②学習指導案に「まなブック」の使用箇所を記入する、③単元の開始時に子どもと学習の進め方を確認するなどだ。教師の反応は、「問題解決の進め方が分かった。全児童が持っているので授業を進めやすい」などであった。

若手教師の算数の授業例を紹介する。

授業者は、子どもたちに授業開始直後に「まなブック」を使用するタイミングを知らせる。「課題を共有するときは、まなブックの線分図での解き方を参考にする。自力解決時には、まなブックの言語スキルを使う。集団解決時には、まなブックに記載されている学び合いの方法（ペア、4人グループ、全体）で解決していく。振り返りでは、友だちから学んだことを書く」などだ。子どもたちは、「まなブック」を使いながら指示された方法で学習を進めた。「まなブック」を導入したことで指導技術が未熟であった若手教師が参観者にそうとは思わせないみごとな授業を行った。

教科のガイドブックはほとんどない。教師が教えるという考え方が強いからであろう。開発した「まなブック」は、子どもの学力向上に大きく寄与した。それ以上に教師の授業力を高めたことのほうが大きい。

〈学校リーダーへの期待〉

全国の学校を歩くなかで、授業改善をあきらめる校長も見てきた。教師と

の人間関係がうまくとれないことや、授業改善の賛同者が少ないことを理由にあげていた。そこで次のような施策を校長へ助言した。

(1) 授業を知り尽くす校長

　授業論を熱く語る校長ほど、全国学力・学習状況調査でよい数値をあげていた。だが、その校長も最初から数値をあげられたわけではない。高知県教育委員会が進める「高知県授業づくりBasicガイドブック」を校長自らていねいに読みこなし、教師と一緒になり実践したからだ。現在では、校長が学校一番の授業改善の実践者となっている。

(2) 次期学習指導要領の趣旨を生かすマネジメント

　文部科学省が提示した新学習指導要領は、アクティブ・ラーニングの学びが中心となっている。それは、「主体的な学び」「対話的な学び」「深い学び」等の学び方の要素から成り立っている。これまでの教師主体の授業から、子どもが自ら創造していく授業だ。この3視点の学びは、子どもへのメッセージととらえられる。もう一方では、教職員の経営参画を促すマネジメント策ともとらえることができる。

(3) 積極的なトップダウン・マネジメント

　かつて課題の多い学校に勤務をしたことがある。年度の途中であったが教職員に学校改革を実施する方針を伝えた。中心となった方針は、トップダウン・マネジメントだ。まず、教職員に学校課題をあげるように指示をした。ワークショップで出された課題は、何と55項目にも及んだ。その課題を整理させ、校長自ら方策を提示した。教職員全員で方策を練ることも考えたが、それでは学校は動かないと判断し、自ら「これでやろう」という方策を示した。校長の方針に異論を唱える教職員もいた。だが、事の重要性を認識していたので方針は変えなかった。校長のトップダウンで進めたことで学校改革は一気に進んだ。教職員が学校経営へ参画するためには、校長の方針のもとアイディアを出したり、プロジェクト部会を設置し施策を作成するなどの方法が望ましい。長い年月を経てつくりあげられた「みんなで進める学校風土」では、学校改革は進まないからだ。校長のトップダウン・マネジメントは学校改革を促す手段の一つだ。

3 管理職による中学校のカリマネ 12の処方

3章

管理職による中学校のカリマネ12の処方

鎌倉女子大学教授／前神奈川県横浜市立南高等学校附属中学校長　**高橋　正尚**

　中学校管理職のリーダーシップに基づくカリキュラム・マネジメント（以下、管理職カリマネ）とは、入学から卒業までの３年間で教育目標を実現していくためのカリキュラムのマネジメントのことである。ここでは、横浜市立南高等学校附属中学校（以下、南高附属中）の事例により「管理職カリマネ」について説明する。

横浜市立南高等学校附属中学校　グランドデザイン
使命（ミッション）
６年間の安定した環境の中で、計画的・継続的な教育活動を展開し、横浜はもとより国際社会で活躍する志の高いリーダーとなる人材の育成を目指す。（横浜市立中高一貫教育校基本計画（以下、基本計画）より）
目標（ゴール）
■学校教育目標 ①学びへの飽くなき探求心を持つ人材の育成【知性】 ②自ら考え、自ら行動する力の育成【自主自立】 ③未来を切り拓く力の育成【創造】
■目指す学校像 ①国際社会で活躍するリーダーの育成を目指す学校 ②６年間の一貫教育で健全な心身をはぐくむ学校 ③質の高い学習により、高い学力を習得できる学校 ④生徒が互いに切磋琢磨し、常に活気に溢れている学校
■育てたい生徒像 ①高い志を持ち、国際社会の発展に貢献する生徒 ②幅広い知識を活用して、自ら課題解決を図る生徒 ③自他の在り方を尊重し、健康で豊かな生活を創造する生徒 ④自己の生き方を探求し、自分の進路を主体的に実現する生徒 （基本計画より）
附属中学校　教育目標
■長期目標（３年間） ①教育内容の満足度90%以上 ②授業の満足度90%以上 ③南高校への進学率100%　■重点取組項目 ①中高一貫教育を推進する教育課程 ②指導力の向上研修をめざす公開授業と研究会 ③学校広報の充実

　南高附属中の「使命」と「目標」は、横浜市が作成した「横浜市立中高一貫教育校基本計画」で決定されている。したがって、管理職はこれらの目標

を具現化するためのカリキュラム編成と効率的な運用・改善が求められている。前頁の資料の「附属中学校　教育目標」の作成以降が、管理職の主な業務である。

　一般的に中学校には、「荒れた学校を短期間で正常な状態に戻す」「特色ある教育課程を編成する」「生徒の学力を向上させる」「部活動顧問として県大会や全国大会に出場する」など、さまざまな目標や課題がある。私はかつて公立中学校長として、これらを達成するために、PDCAサイクルなどのマネジメントの手法を駆使して仕事を進めてきた。学校現場は業務の種類が多く、同時並行で複数の仕事を進める必要があるので、学校全体で情報を共有し、役割分担を明確にして、効率よく仕事を進めていくことが必要だった。

　管理職カリマネのPDCAサイクルを進めるためには、先進的な先行事例の情報収集や調査研究を行い、勤務校の現状分析を十分に行う必要がある。現状分析の例として、以下のような項目がある。

現状分析
○小学校の学習内容の定着状況、生徒の心身の発達段階や特性 ○横浜市が策定した目標（学校教育目標、目指す学校像、育てたい生徒像）に込められている市民の願い ○母体校である南高校関係者の思い、地域・市民のニーズ

　現状分析に基づいて回す管理職カリマネのPDCAサイクルの例は以下のようである。

P
(a)　教育目標の作成 (b)　重点目標（教育課程編成の方針）の作成

重点目標（教育課程編成の方針）
方針①　自らを律しつつ、他者と協調し、他者を思いやる心や感動する心など豊かな人間性を養う。 方針②　アクティブ・ラーニングを取り入れた学習活動を展開し、知識・技能を習得し、思考力・判断力・表現力などを養う。 方針③　9教科の基礎学力をバランスよく身につけることを重視した、教育活動を展開する。 方針④　国際社会で活躍できる語学力とコミュニケーション力を養う。 方針⑤　社会的・職業的自立に向け必要な基盤となる能力や態度を育む。

(c)　学力向上プランの作成
　　　　　↓
(d)　教育課程の編成

D （各教科の授業、総合的な学習の時間の活動例）

(a)　各教科の授業
・各教科目標を達成するためにアクティブ・ラーニングの技法や言語活動を取り入れた授業を実践し、思考力・判断力・表現力を育てる。
・各教科の授業でPISA型「読解力」を意識した授業を展開する。
　聞く・読む【受信】→ 思考する・想像する→ 書く・話す【発信】
・各教科の授業で、説明する力、発表する力、質問する力を育てる。
(b)　総合的な学習の時間
・交流体験や研修（コミュニケーション研修、エンカウンター研修など）をとおしてコミュニケーション能力を育てる。（EGG体験）
・多様な言語活動、調査・研究、発表活動をとおして「課題発見・解決能力」「思考力・判断力・表現力」を育てる。（EGGゼミ）
・アクティブ・ラーニングのさまざまな技法を学ぶ。（EGGゼミ）
・幅広い教養と社会性を育て、将来のキャリア形成への興味・関心を引き出すための講座を実施する。（EGG講座）
※確かな学力、豊かな人間性、健康と体力の実現をめざした教育活動を行う。
※先行事例を含め、教育活動に関する資料を日常的に収集する。

C （評価）

(a)　「学習の評価資料」の例
・定期テスト
・基礎診断テスト（学校が独自に作成）
・公的機関の調査（全国学力・学習状況調査、横浜市学力・学習状況調査）
・民間教育機関の調査、模擬テスト
・各種検定試験（例：英検、漢検、数検など）
・週プラン・読書マラソン・ヒアリングマラソン
(b)　「生徒の状況評価資料」の例
・学校生活満足度調査
・授業、総合的な学習の時間、特別活動等の振り返りシート
・全国学力・学習状況調査、横浜市学力・学習状況調査等の実態調査
・民間教育機関作成の各種生活状況調査
・Q-U（学級満足度調査と学校生活意欲尺度）
(c)　学校評価
・自己評価、学校関係者評価、第三者評価を実施する。

A （改善）

(a)　Cの評価結果に基づき、教育活動等を改善する。
(b)　学力の3要素ごとにさまざまな角度から情報を収集し、指導方法の改善を中心とした授業改善を、スピード感をもって実施する。

> ※学習に関係する指導方法の改善や授業改善についてはとくにスピード感をもって実施する。

〈管理職カリマネのポイント〉

(1) リーダーシップを発揮して教育目標を具現化することが校長の最大の仕事である。評価できる具体的な目標（重点目標）を設定して、評価項目ごとに達成度90%以上をめざす必要がある。

(2) 中学校3年間の到達目標（長期目標）をゴールとし、逆算して中期目標I・Ⅱ（各18ヵ月）を設定する。各中期目標を達成するために3～6ヵ月の短期目標を設定し、到達状況を把握する。データを積み重ね、中期・長期目標の改善につなげていく。短期目標が達成できない場合は、原因を調査・分析して、すぐに改善を図る。

学年	1年生			2年生		3年生
長期	長期　3年					
中期	中期I　18ヵ月 1年生4月～2年生9月			中期Ⅱ　18ヵ月 2年生10月～3年生3月		
短期	6ヵ月	6ヵ月	6ヵ月	6ヵ月	6ヵ月	6ヵ月

※2学期制の場合は中期を3区分。3学期制の場合は中期を4区分。

(3) 3年間の計画でも到達目標を達成できなかった項目については、指導内容、指導方法、教育課程などあらゆる観点から点検・分析し、大幅な教育課程の改定を次年度の4月から実施する必要がある。

(4) 管理職カリマネは分析と改善のスピードが肝である。そのためには校長は到達目標をしっかり頭に入れ、普段からさまざまな情報を収集し、各学年の学力の定着状況について把握しておく必要がある。

 処方35　具体的な目標を設定し学力向上プランを工夫する

　大きな目標では教職員が実感を持てないので、第I期・第Ⅱ期の短期目標を身近で具体的な目標とした（表1）。達成状況を確認するためには目標の数値化が必要なので、到達目標を具体的な数値にしてから、逆算して達成するための細かい計画を作成した（表2）。

表1　3年間の学力向上プラン

第Ⅰ期（中1の4月〜中2の9月）	第Ⅱ期（中2の10月〜中3の3月）
<u>家庭学習の時間の確保</u> 平日90分、休日180分	<u>家庭学習の維持と定着</u> 平日90分、休日180分 集中力をつけ、スピード感を高める。
・9教科に全力で取り組む。 ・3教科（国数英）の勉強方法を学ぶ。 ・基礎学力の向上 ・リスニングマラソン・読書マラソン・計算マラソン	・5教科の基礎固め ・中学校レベルの基礎的知識の確実な定着 ・リスニングマラソン・読書マラソン・計算マラソン ・英検準2級取得

表2　平成24年度入学生学力向上プロジェクト

平成24年度入学生 学力向上プロジェクト（S80・A80 プロジェクト）
<u>目標：全員の学力を引き上げる</u> ・学期末の目標準拠評価による評定2〜3→4に引き上げる⇒全員 ・3年生10月実施のベネッセコーポレーション学力推移調査のSゾーン⇒80名/160名 ・3年生10月実施のベネッセコーポレーション学力推移調査のAゾーン⇒80名/160名 ・3年生2月の河合塾・Z会共催 全国総合学力診断偏差値62.5以上⇒20名/160名 ・実用英語技能検定（英検）3年生2月 準2級取得率⇒75% ・実用数学技能検定（数検）3年生2月 3級取得率⇒100% ・実用数学技能検定（数検）3年生10月 準2級取得率⇒60%

　目標を教員・生徒・保護者が共有するため、学校便り、学習便り、HP、教育課程説明会、保護者会などで積極的に広報する。とくに評定2〜3の生徒の学力を向上させ、全員の評定を4〜5に引き上げるためには、生徒の学習状況をさまざまな角度から分析し、短いスパンで指導・助言することが大切である。不得意教科については、生徒と面談して、つまずきの原因を確かめ、スモールステップで個別指導する。たとえば理科で実験観察記録が書けない生徒には模写を練習させ、図を描く抵抗感を取り除くなどの工夫が必要である。

 処方36　授業にアクティブ・ラーニングの技法を取り入れる

　学校経営方針に「各教科の目標を達成するためにアクティブ・ラーニングの技法を取り入れた授業を実践し、学習過程を改善する」と明記した。各教科で共通目標をつくり、ペア・グループやラウンドロビン（役割・出番をたくさんの人員で交替しあうこと）など、発達段階に適した話し合いの技法を

活用スキルとして授業に取り入れた。さまざまな技法は、総合的な学習の時間（EGGゼミ）で週１回、３年間続けて系統的に学ばせた。

学力向上のためには、その３要素をしっかり伸ばすことが重要である。アクティブ・ラーニングの技法を取り入れた授業の構想は図１のとおりである。この取り組みで生徒には次のような変容が見られた。

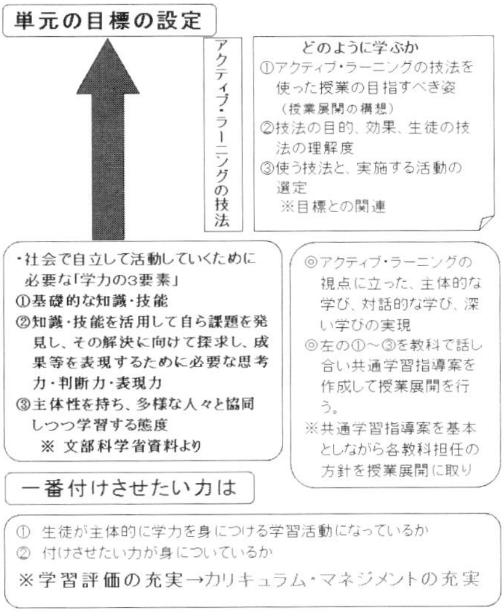

① 全員が授業に能動的に参加できた。そのため各教科の基礎的な知識・技能が定着した（目標準拠評価で評定４と５が占める割合は５教科で85.0％、９教科で80.2％となり、評定２と３の割合が大幅に減少した）。

② 相手の意見に耳を傾け、自分の意見と比較検討する態度が育った。

③ 思考力・判断力・表現力が向上した。とくに自分の考えを説明する力がついた。

④ 自分の意見をまとめ、発表することに意欲的に取り組んだ。

⑤ 苦手な教科を克服しようとする意欲が高まった。

図１　アクティブ・ラーニングの授業構想

単元の目標の設定

アクティブ・ラーニングの技法

どのように学ぶか
① アクティブ・ラーニングの技法を使った授業の目指すべき姿（授業展開の構想）
② 技法の目的、効果、生徒の技法の理解度
③ 使う技法と、実施する活動の選定
　※目標との関連

・社会で自立して活動していくために必要な「学力の３要素」
① 基礎的な知識・技能
② 知識・技能を活用して自ら課題を発見し、その解決に向けて探求し、成果等を表現するために必要な思考力・判断力・表現力
③ 主体性を持ち、多様な人々と協同しつつ学習する態度
　※ 文部科学省資料より

◎アクティブ・ラーニングの視点に立った、主体的な学び、対話的な学び、深い学びの実現
◎左の①～③を教科で話し合い共通学習指導案を作成して授業展開を行う。
※共通学習指導案を基本としながら各教科担任の方針を授業展開に取り

一番付けさせたい力は

① 生徒が主体的に学力を身につける学習活動になっているか
② 付けさせたい力が身についているか
※学習評価の充実→カリキュラム・マネジメントの充実

 処方37　英語でコミュニケーションできる力を着実につける

小学校の外国語活動では、読み・書きの活動がないので、中学校入学当初は話す・聞く学習を中心にして英語嫌いをなくす。苦手意識なしに小学校の外国語活動からスムーズに中学校の英語に移行でき、英語でコミュニケーションできるカリキュラムとして５ROUND方式を開発した。これは、１年間に教科書を５回繰り返してスパイラルに学習する学習法である。以下、１年生の授業展開例を示す。

> Round 1 【リスニングだけによる内容理解】
> 　音声のみで教科書の全ページを一回りする。
> 　内容理解を、教科書のQA、ピクチャーカードの並び替えで確認する。
> Round 2 【音と文字の一致】
> 　文字を見せながら音声を聞く。文章の並び替えで、内容にも触れる。
> Round 3 【音読】
> 　理解して聞いてきたことを初めて音に出してみる。発音やイントネーショ
> ンなどの英語らしさを求める。
> Round 4 【穴あき音読】
> 　会話につながるように、文構造へフォーカスする。
> Round 5 【Retelling】
> 　ピクチャーカードを使い、理解し練習してきたストーリーを自分の言葉で
> さまざまな表現を使って伝える。

　教科書は光村図書『COLUMBUS　21』を使用し、教科書1冊を年間5回繰り返し指導して定着を図った。ポイントは、教科書のストーリー性を活かして生徒をその世界に引き込むこと、言わば小説をいったりきたりしながら読み返すような感覚である。各Roundを1回で完結させずに、それぞれのRoundのねらいを押さえ、それ以上のことは生徒に求めないように展開した（⇒5回繰り返すなかで理解が深まればよい）。

　5ROUND方式により、生徒の読む量と書く量は確実に増え、即興的な表現力も伸びた。評価尺度として英検受検を推奨したが、この方式の授業を受けた1期生が3年生のとき、英検準2級以上を約85％以上が取得した。英語に対する苦手意識とは完全に無縁である。

処方38　学校目標実現に向けて特色ある総合的な学習の時間を工夫する

　南高附属中の設置目的は、「国際社会で活躍する志の高いリーダーとなる人材の育成」である。これを実現するため、社会に開かれた教育課程として、目玉の「総合的な学習の時間」を展開している。

　総合的な学習の時間は、EGGゼミ・体験・講座の3領域で構成され、週1回1時間の他、土曜日に月2回4時間の授業を行う。積極的に地域社会や外部諸機関に協力を求めている（図2）。

図2　総合的な学習の時間（EGG）

総合的な学習の時間（ＥＧＧ）

- グローバルな社会課題を発見・解決できる人材
- 世界や地域で貢献できる人材
- グローバルなビジネスで活躍できる人材

EGG ゼミ
「課題発見・解決能力」「論理的思考力」を育成する多様な言語活動、調査、研究、発表活動

EGG 体験
豊かなコミュニケーション能力を育成する交流体験や研修

EGG 講座
幅広い教養と社会性を育成し、将来の進路への興味・関心を引き出すための講座

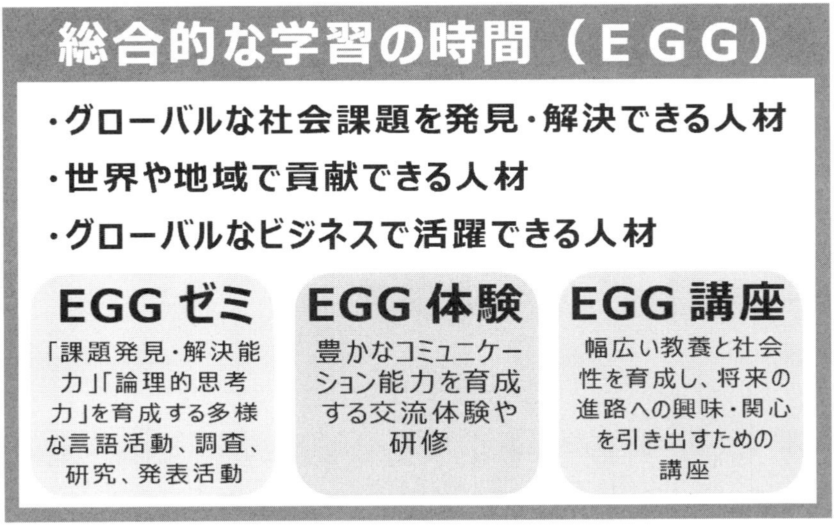

　EGGゼミは、課題発見・解決能力や論理的思考力を育成するため、調査・研究、発表活動など多彩な言語活動に取り組む。基礎力養成期の1年生は、討論や情報収集、インタビュー、レポート作成、新聞づくりなどの技法を学び、言語活動の土台とする。2年生はグループ研究で、芸術的作品の制作、HPの作成、英語のプレゼン、ミニ論文集の作成などの活動に取り組む。

　EGG講座は、外部機関と連携し、必修6と選択15の講座を設置。必修講座には、消防士の防災講座、弁護士の模擬裁判、JAXA職員の講演などがある。選択講座も、東大海中ロボット講座や横浜市大医学部の腹腔鏡手術シミュレーション体験など非常に多彩である。

　3年生はEGGの集大成として1年間かけて個人で卒業研究を行い、卒業論文を作成する。3月に発表会を行い、成果を公表する。卒業研究は、ゼミで学んだ情報収集・分析スキルや、言語活動で得た「説明する力」のすべてを統合する取り組みである。テーマは多岐にわたり、「世界の食糧問題の解決」「脳と感情の関係」など大学の卒論レベルのテーマに取り組み、将来の目標を見つける生徒も多い。

処方39　学校をあげて素直に学び合える関係づくりを進める

(1)　素直に学び合える関係づくり

写真　コミュニケーション研修

　主体的な学習態度を育てるには生徒が相互に学び合える環境づくりが必要である。南高附属中の多くの新1年生には、同じ小学校出身の友だちがいない。しかも受検という競争世界で過ごしてきたため、同級生はある意味ライバルでもあった。

　そこで、入学直後の1ヵ月間、総合的な学習の時間にプロジェクト・アドベンチャー、構成的エンカウンター研修、コミュニケーション研修（写真）(注)などを実施し、望ましい人間関係づくりを行っている。

(2)　「教室はまちがうところだ」

　南高附属中の1年生は、小学校時代から勉強に自信を持っている。入学後、次第に授業内容がむずかしくなっても、教師に素直に「分かりません」と言えない生徒も少なくない。多くの日本の生徒は、「間違ったら恥ずかしい」と考え、高学年になると発言が減る傾向がある。しかし、アクティブ・ラーニングを行うためには、間違うことを恐れず、積極的に発言する必要がある。また、学習のつまずきを克服するために行動を起こす必要がある。

　そこで、1年生に対して、「自己の向上と充実した生き方」という道徳の授業を、蒔田晋治の絵本『教室はまちがうところだ』を題材に行った。その結果、「分からない」ことを授業後に質問する生徒が増えた。授業で間違った生徒に対する視線も優しくなった。教室では間違って当たり前、間違うことを素直に認めることが大切だという意識を共有することで、発言や発表も活性化する。この意識改革によって授業が活性化し、苦手分野が克服されるのである。

処方40　大きな舞台で発表力・説明力をつけさせる

　1年生に、入学希望者対象の入学説明会で学校紹介を担当させる。国語の単元「学校をスピーチで紹介しよう」の応用になる。

　大勢の人の前で発表する機会を設けることが、生徒に自信を持たせることにつながる。そこで、1年生の「話す・聞く」学習の一環として「南高附属中のよさをスピーチで伝える」活動を行った。その学習成果発表の場として、本校の入学希望者に対する学校説明会に1年生を実際に登場させ、学校を紹介させた。授業で学習したことが実際の場面で活用できる貴重な体験となり、一人ひとりの自信にもつながった。この経験は、今後の学校生活に必ず役立つと考えた。

　指導の概要は次のとおりである。

1　単元名「学校をスピーチで紹介しよう」（6〜8時間扱い）
2　単元の目標
　・資料を作成して、伝えたい内容が相手に分かりやすく伝わるように、工夫して説明をする。
　・100〜1500人くらいの前で全員がスピーチをすることによって、説明することに自信を持たせ、その経験を授業でも生かすように指導する。
　・愛校心を育てる。
3　学習内容
　・南高附属中のよいところを3つ選んで説明する。
　・資料作成のスキルをつける。（例）アンケート調査、インタビューなど資料収集の方法、資料の分析、発表資料の作成など
　・目的・相手・場面を明確にして、それらに応じたスピーチの内容や言葉遣いなどについて考えさせる。
　・全員参加のスピーチ発表会を開く。
　・スピーチの内容をお互いに評価し、自分のスピーチを改善する。
　・実際の説明会でスピーチする代表者（10〜40名）を推薦で決める。

　この授業をとおして、間違いを恐れずに、自信を持って大きな声で発言できる生徒が増え、その後の授業の活性化につながった。

 処方41　基礎力診断テストで知識・技能の定着を図る

(1)　基礎力診断テスト

　校内定期テストや全国と横浜市の学力・学習状況調査の結果を見ると、知識・技能の活用能力（B問題）の正答率が高く、思考力・判断力・表現力が

高いことが分かった。これはアクティブ・ラーニングを各教科で実践した成果である。しかし、基礎的な知識・技能には課題があった。そこで、国社数理英5教科の知識・技能のみの定期テスト「基礎力診断テスト」を年3回実施した。内容は次のとおりである。

②国語科…テスト範囲で習った漢字を書かせる問題

③社会科…テスト範囲の教科書の重要語句を書かせる問題

④数学科…テスト範囲の基礎的な計算問題

⑤理科…テスト範囲の教科書の重要語句を書かせる問題

⑥英語科…テスト範囲の教科書の英単語を書かせる問題

　ポイントは反復練習による基礎的知識の定着である。本来は全員満点が理想だが、正答率80〜90％を目標値とした。目標に到達しない生徒は、目標達成まで追試を受けさせた。「教室は間違うところだ」という意識と補習によって学習のつまずきを克服する行動を起こすことの重要性を伝えたので、追試についても抵抗感はなかった。知識の定着度が向上したことで自信をつけた生徒が多かった。

(2)　定期テストの工夫

　南高附属中は2期制で、前後期の中間・期末テストを年に計4回実施している。アクティブ・ラーニング型の学習に対応した問題では記述式の問題が多くなり、観点別に作問すると問題量が増える。基礎力診断テストを学期ごとに実施すると、定期テストでは知識・理解の問題より記述式問題を多く出題できた。

　定期テスト終了後は、各教科でテスト後振り返り課題を出す。生徒はテストの点数を気にするが、最も重要なことは学力の向上であり、今後につながる対策である。テストのやり直しが効果的である。

> 〈数学科のテスト終了後の振り返りの例〉
> ①テストの後にすぐやり直しをさせる。
> ・学校で行われる定期テストなどは答案返却後すぐに確認をし、間違った問題やむずかしかった問題をもう一度解く。
> ・模試などは、模範解答を見て自己採点し、間違ったと思われる問題やむずかしかった問題をもう一度解き直す。
> ②同じ問題を最低3回はやる。
> ・やり直しや振り返りをすることで、自分が苦手としている問題を見つけ、

　　理解を深める。
・同じ問題を繰り返し解くことで、問題を理解し、知識の定着を図る。
③ ノートにやり直しの記録を書く。
・あとで見直したときに見やすいように、自分なりの参考書をつくるつもり
　でやり直しに取り組む。

処方42　生徒と向き合う時間や授業の充実のための十分な時間を確保する

(1)　生徒と向き合う時間を確保する

　放課後の生徒会活動と部活動は教員が直接、指導する必要がある。生徒と
向き合う時間を十分に確保するため、月・水・金の3日間は、放課後の会議
を設定しないことにした。また、学校用グループウェアを導入し、コンピュ
ータ上で連絡事項・スケジュール・職員会議審議事項を全教職員が共有する
ことにより、会議を精選し、学年会・校務分掌関係の会議は月1回（火曜）
設定することにした。その結果、月に15〜16日間、生徒とともに過ごす時間
を確保することができた。

(2)　授業優先主義を徹底する

　「何よりもまず授業を最優先する」という方針を学校全体で確認すること
が重要である。そのため部活動について次の方針を決めた。

方針1：部活動の朝練は実施しない。

方針2：部活動は月・水・金の放課後と、土・日のどちらか1日の計4日以
　　　　内を活動日とする。

方針3：中学校1年生の正式入部は、前期中間テストが終わった6月からと
　　　　する。

　(1)(2)の結果、放課後の有効活用が可能になったのである。

〈コラム　「方針3の理由」〉
　小中接続を円滑にするために、4〜5月は1年生が中学校生活や学習に慣
れる期間とした。この時期、EGG体験のプロジェクト・アドベンチャー足柄、
グループ・エンカウンター研修、コミュニケーション研修などを集中的に行い、
望ましい人間関係を構築し、中学校での学習方法や家庭学習の習慣化を徹底
的に指導した。そして、中学校最初の定期テストである前期中間テストが終
わった6月から部活動の入部をスタートさせた。

(3)　放課後の使い方を整理すると、次のとおりである。

①月・水・金→生徒会活動、部活動、教育相談

②火・木→補習（基礎診断テストで数学と英語で基準に達していない生徒が対象）

 処方43　予習・復習の徹底のために「私の週プラン」を活用する

　習い事には「おさらい」が欠かせない。家で練習してこなければ、習い事の先生はすぐに見抜き、「おさらいしてきていませんね」と叱ったものである。忘却曲線の例を出すまでもなく、すぐに復習することによって学習したことは忘れにくくなり、定着率が高まる。また、反転学習の例に見るように、予習は非常に有効である。予習・復習の重要性は誰もが指摘することだが、やはり学力向上には家庭学習が欠かせない。予習・復習の徹底こそ学習の王道であり、定石である。

　南高附属中では、家庭学習を定着させるツールとして、「私の週プラン」（図

図３　「わたしの週プラン」の活用

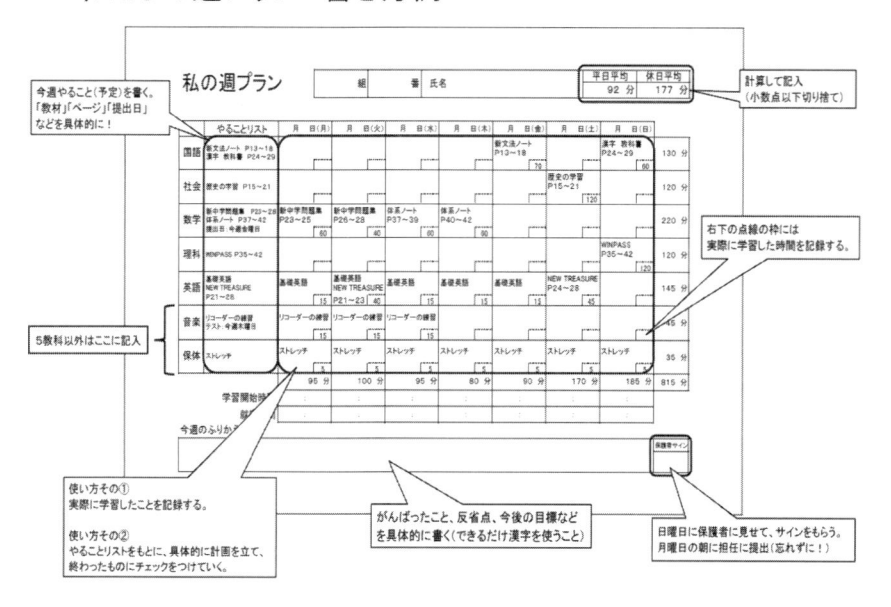

3）を活用している。それは、生徒が次の1週間の家庭学習の内容の計画を立て、実際の学習時間を記入するシートである。学校として推奨する家庭学習の目標時間は、授業のある日で1日90分、授業がない休日や長期休業中は1日180分としている。翌月曜日に実際の学習時間を記入した「私の週プラン」を学級担任に提出し、チェックを受ける。月曜日には、「私の週プラン」を用いて1週間の家庭学習時間を合計し、毎週、結果を折れ線グラフで記録していく「週プラン・レコーディンググラフ」を作成する。平日5日間、休日2日間を合計すると、平均的な1週間の家庭学習の目標時間は、90分×5日間＋180分×2日間＝計810分となる。そこで、折れ線グラフの810分の目盛りに赤線を引き、生徒自身に家庭学習した前週の合計時間と赤線との差を確認させる。これは、レコーディング・ダイエットの手法を応用したものである。

　もし、赤線の目標時間に達していなければ、生徒自身が真っ先に学習時間不足＝勉強不足に気づく。教師や保護者が「勉強しなさい」とうるさく言うよりも、自分から学習意欲を向上させるためのツールである。その他、定期テスト前には、多くの中学校でもやっているように、生徒に「学習計画表」を作成させて、担任が確認している。

 **処方44　校長のリーダーシップのもとで学力向上委員会を活用する**

　教育目標を具現化するため、校長のリーダーシップが発揮できる組織を構築する。学力向上の推進組織として、学力向上委員会（以下、委員会）と分析チーム（以下、チーム）を設置した（図4）。その目的は、学力を向上させ、学力向上に対する教員の意識を高めることである。

図4　南高附属中学校運営組織の一部

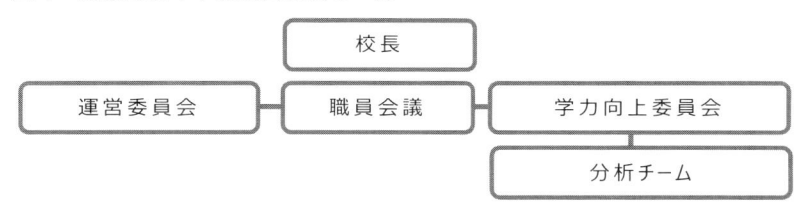

表3

学　力　の　分　析	
目的	基礎的な知識・技能、思考力・判断力・表現力の分析
活用	入学時の学力調査、定期テスト、基礎診断テスト、全国と横浜市の学力・学習状況調査、民間教育機関による学習状況調査の結果の分析
目的	主体的な学習態度の育成方法の分析
活用	関心・意欲・態度育成への応用、週プランの活用、家庭学習の課題の取り組み・提出状況、各種学習状況調査などの質問紙作成
学　校　評　価　結　果　の　分　析	
活用	授業評価、生徒満足調査などの結果分析
情　報　収　集　・　整　理　・　分　析	
収集整理	校長が学校経営上必要としている情報 先進校の学校経営、学力向上方策、教職員研修方法などの情報

　委員会は教育課程と指導方法の改善を推進する。チームはデータを分析して課題を発見し、結果をまとめ、委員会に報告する。チームの任務は、①学力の分析、②学校評価結果の分析、③情報収集・整理・分析である。①は、基礎的な知識・技能と思考力・判断力・表現力の分析である。そのため、入学時の学力調査、定期テスト、基礎診断テスト、国と市の学力・学習状況調査、民間機関による学習状況調査の結果を分析し、主体的な学習態度の育成方法の分析も行う。②は、授業評価や生徒満足調査などの結果分析である。③は、校長が学校経営上必要としている情報を先進校などから収集し、分析する。

　チームは分析結果をもとに各教科会と連携して、学習課題の解決方策を委員会に提案する。委員会は改善策を立案し、職員会議で報告する。学力向上のためには、テスト実施後すぐに結果を分析し、改善につなげることが重要である。学力の重点目標と現在のレベルの乖離状況を徹底的に分析し、目標を達成する方法を絶えず工夫改善していく。校長は、客観的なデータを用いて次の一手を考える。

　データの活用方法には、教科指導の改善、学習相談、学習集会、学習だより、保護者会での説明、校長面談、データに基づく教員研修などがある。教科指導の改善には、授業内容、教材、授業方法、習熟度別指導法、主体的な学習態度の育成方法などの再検討が含まれる（**表3**）。

3

処方45　校長面接と「学習だより」で生徒のモチベーションを高める

(1)　校長との学習面接

　開校1年目には、1年生全員に対して校長室で学習に関する面接を行った。保護者や学級担任の話はなかなか素直にきけない年頃の生徒であるが、やはり、広い校長室で、校長が面と向かって面接すると、よい緊張感とともに、入学したときの新鮮な気持ちがよみがえる。

　校長は、面接する生徒の「学力カルテ」を資料として用いる。その生徒の客観的データに基づいて質問し、アドバイスを与える。その結果、一人ひとりの生徒が学習について前向きに考えるようになった。

　この校長面接は、最終的には、1期生が中学校3年生のときにも実施し、3年間で2回の校長面接を行った。3年生の面接では、将来の夢や大学進学などの話にも及び、南高校への進学前に、もう一度、学習への意欲を高めることができた。昼休みや放課後のわずか10分間の面接であるが、学力向上への意欲や家庭学習の習慣を確認するうえで、とても効果があった。

(2)　学習意欲を高める「学習だより」の発行

　開校1年目から、定期テストや民間の学力調査などの教科成績の概況や成績分布を保護者に知らせるための通信類は発行していた。しかし、開校3年目にもなるとさまざまな学力調査のデータが集まってきたため、学習に関する情報を一元的に発信することとした。それが「学習だより」である。校長直轄の「特命チーム」（後の学力向上委員会）が作成・発行した。

　内容は、各種学力調査の結果とその分析が中心であったが、次第に定期テスト後の振り返り課題、勉強の方法、家庭学習の方法、英単語の覚え方など具体的な情報も掲載するようになった。「学年だより」とは別に、学習に特化した「たより」にしたことで、内容が整理され、効果的に幅広く広報できるようになった。

 処方46　学校全体の授業力を向上させる研修を工夫する

(1)　教員の力量に左右されない授業づくり

「個人の授業から南高附属中の授業」というのは、開校直後からのスローガンである。教科会で授業方法、教材、プリントを共有したうえで授業を展開した。互いに授業参観を重ね、教科会で授業方法を検討し、教材やプリントを改良し、チームで授業を改善した。その結果、授業の質が教員個人の力量に左右されず、誰でも同じスタイルの授業が可能となり、初任者でも学力向上が実現できた。

①教科会の定例開催（週1回、授業の空き時間に必ず開催）

　授業進度や提出物、今後の日程などの調整と確認を行う。

②教材の共有財産化（社会科の例）

(a)　表現力育成のため、社会科教員全員が3年間の見通しを持って協働して授業づくりを行う。チーム社会科として誰もが同じ授業を行えるワークシートをつくり、日々授業実践を重ねていく。

(b)　ワークシートや資料などを電子媒体で保存し、教科内で自由に活用する。教材は、教育効果を検証して、絶えず改善していく。

(2)　初任者研修の徹底

　校内初任者研修として、毎週、研究授業を実施する。簡単な略案を作成し、副校長や先輩教員が参観し、授業後にアドバイスする。1年間、継続すると、初任者の指導技術が確実に向上した。

　また若手教員向けの授業力向上講座を月に1回程度、開催する。教育技術に関する課題図書を使って、ゼミ形式で意見交換を行う。

(3)　髙木展郎先生（学校経営アドバイザー）の授業クリニック

　髙木展郎横浜国立大学教授（当時）に普段どおりの授業を観ていただき、指導を仰いだ。髙木先生は授業を精力的に観て回られ、休み時間や放課後に各教員に的確に助言・激励された。この授業クリニックのおかげで多くの教員が授業の悩みを解決し、授業改善ができた。一部の教科会は、自分たちの取り組みについて相談し、授業力向上につなげた。

〈注〉
　組織における人間関係の改善を図り、組織力・チーム力を向上させる。そのための基本としてコミュニケーション能力を高める。PAA21（株）足柄グリーンサービス野外教育事業部による。

ミドルリーダーによる

小学校のカリマネ12の処方

4章

ミドルリーダーによる小学校のカリマネ 12の処方

兵庫県たつの市立新宮小学校教諭 **石堂 裕**

　新学習指導要領が告示され、教育現場では、資質・能力三つの柱に基づいた教育活動が推進される。一方で教員の働き方改革も考慮すると、カリキュラム・マネジメントの考え方に基づいた体系的で効果的な校内研修が必要であり、それを中心的に推進するミドルリーダーの役割は重要であると考える。

　子どもたちの資質・能力の育成をめざす校内研修について、おさえておきたい12のポイントを具体例とともに紹介したい。

〈子どもたちの学力を高める学習環境づくりを、どうマネジメントするか〉

　4月に行う校内研修では、まず子どもたちの学ぶ環境を、深い学びを生み出しやすい学習環境にしなければならない。おさえるべきポイントを四つ紹介する。

 処方47　顔が見やすく話しやすいように座席配置を工夫する

　教室内の座席配置を考えるとき、写真1にあるような比較できるシートを提示し、日常の座席配置を想起させつつ、そのメリットとデメリットを考えさせるようにする。そして、「みんなの顔が見やすく、話しやすいこと」を意識した座席配置が、主体的・対話的な授業には必要であることを理解させることがポイントである。

　さらに、主体的で対話的な授業には、写真2のように、意見の整理としてホワイトボードを用いたり、写真3のように、タブレットによる情報収集をしたりすることも多い。写真2・3の矢

写真1

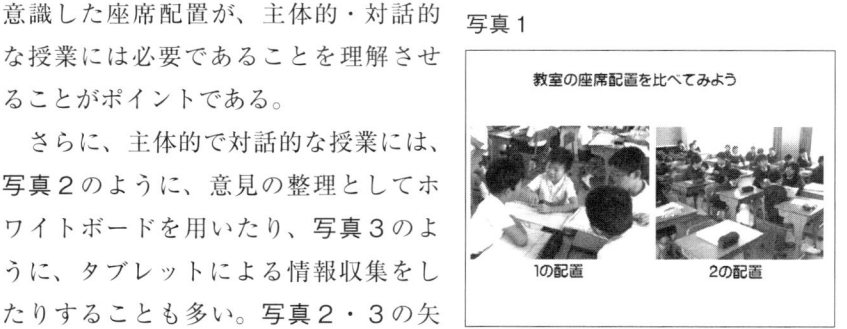

写真2

写真3

タブレットやホワイトボードが見やすい配置

印は子どもの視線を表すが、このように子どもたちの視線にも配慮した配置にすることで、文字や画面が見やすくなり、学習意欲をとぎれさせず、全員が学習参加できるメリットがあることを補足すると効果的である。

 処方48　教室前掲示に配慮し、掲示物は整然と貼る

　教室内の掲示物は大きく分けて二つある。一つが学習に関する約束ごと、もう一つが絵画、習字、そしてワークシートなどの成果物である。校内研修では、いずれも、整然と掲示し、教室内を落ち着いた明るい雰囲気にすることに努めることを徹底させたい。

　たとえば写真4は、教室前面の掲示である。この場所は、授業中、常に子どもたちの目に入るため、

写真4

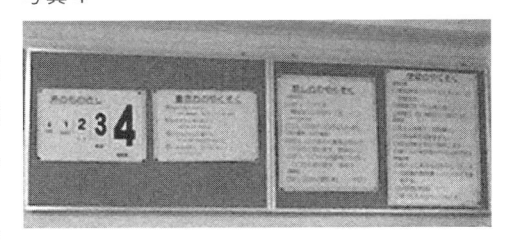

図1

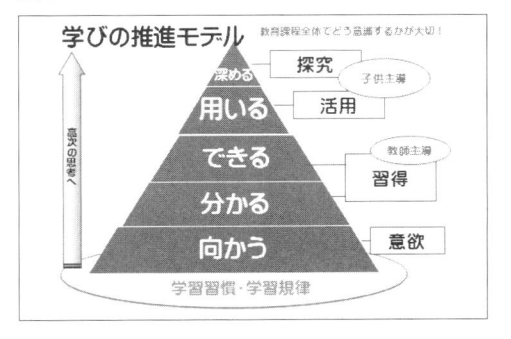

○子どもによっては、その掲示物がきっかけで集中できない場合もあること

○この場所には学習に関する約束ごとのように、子どもたちに意識させたいことで、年間を通してあまり貼り替えないものを掲示すること

この二つを共通理解し、前面に

貼る掲示内容を考えるようにする。

　掲示内容については、写真4にあるように、書き方の約束や話し方の約束など、学習規律に関する内容が望ましいだろう。それは、図1に示すように、学習規律や学習習慣が学びの推進モデルの基盤になるからである。すべての教員が、4月の学級開きからの1ヵ月は、とくに徹底して、それらを活用した指導を心がけるようにすることで、全校の子どもたちが、学習規律や学習習慣の大切さを意識できるようになるのである。

 処方49　他者との比較や自己の変容をとらえられるように成果物を掲示する

　教室内の背面掲示の仕方についても、共通理解しておくとよい。この場所は、絵画、習字、そして写真5のような社会科や理科などのワークシートなどの成果物の掲示をおすすめしたい。とくにワークシートは、たとえば社会科なら、資料の読み取りや授業で学習したキーワードを活用した文字数

写真5

指定の作文などを、自分なりの考えを表現する機会の一つとしてとらえてみるのはどうだろう。4月より継続して掲示すると、年間では1人あたり少なくとも15枚を超える枚数となる。その間、常時掲示することで、他者との比較が容易にでき、まとめることが苦手な子も、得意な子のまとめ方を参考にできるメリットがある。また、3月の学年のまとめの時期には、4月当初からの自分自身のまとめ方をふり返る機会を持つ。書く力が伸びるだけでなく、自分自身の変容を具体的に実感でき、主体的にまとめることや自尊感情の高まりにつながるきっかけにもなることを伝え、全校での統一を図りたい。

〈資質・能力を育成する授業づくりをどうマネジメントするか〉

　図2は、新学習指導要領で示された育成すべき資質・能力三つの柱が、それぞれが独立した関係ではなく、連動した歯車の関係にあることを知らせるものである。校内研修では、図2を提示しながら、三つの柱の関係を理解さ

せ、教科学習等で身につけた「知識及び技能」を活用することで、「思考力、判断力、表現力等」が高まり、「思考力、判断力、表現力等」を高めるためには、教科学習等で身につける「知識及び技能」の定着が必要であることを知らせたい。

図2

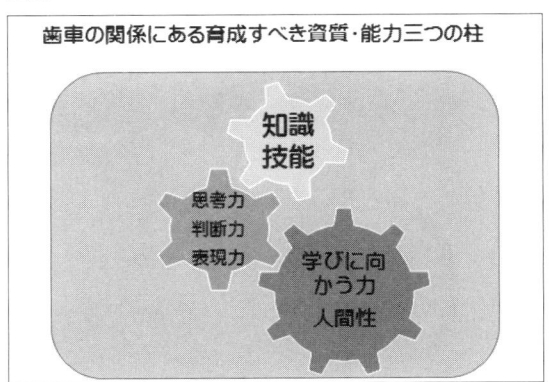

また、「学びに向かう力、人間性等」とは、単なる主体的な学びや学習意欲等ではなく、自己の生き方と関連づけながら内省的に考え続けることであり、学ぶ意義を理解し学び続けることや自尊心等、自己のキャリア形成と深くかかわっていることをおさえる。そして、「知識及び技能」の定着と、それらを活用した「思考力、判断力、表現力等」を高める探究的な授業が「学びに向かう力、人間性等」を育むのに必要であるということを理解させたい。

処方50　「自力解決」「議論」「学びの整理」を45分授業の基本とする

　日々の授業を探究的なものに改善するためには、まず、図3にあるように「主体的・対話的な学びを生みやすい流れ」にする必要がある。

　ポイントは二つある。一つは、「自力解決の時間」と「学びを整理する時間」をどの授業でも共通にすることである。学習意欲の高まりと学びをつなぐことに関係するからである。もう一つは、子どもたちの議論の時間のうち、グループを用いた意見の整理については、集

図3

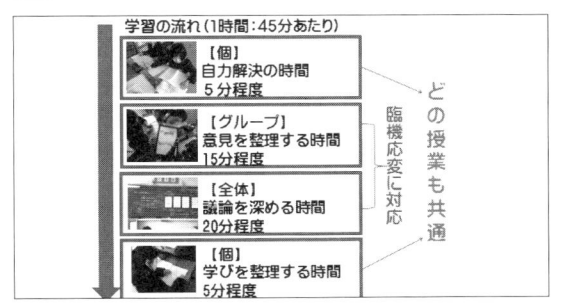

団思考に陥らないように配慮することである。集団思考とは、発言力のある子どもの意見によって個々の意見が消えてしまう思考を指す。校内研修では、子どもたちの議論の時間は、グループ活動を取り入れるか、全体で議論する時間を増やすかは、臨機応変に対応することをおさえることが大切であることを伝えたい。

 ## 処方51　45分の授業を「学びのつながり」でとらえる

　45分の授業を「学びのつながり」でとらえるために、授業者が意識しておくことを1枚のシートにまとめたものが、図4である。このシートにあるように、前時と次時の学習活動を関連させながら、本時のねらいと本時

図4

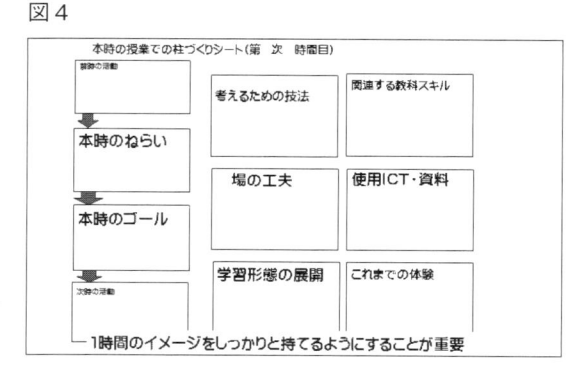

本時の授業での柱づくりシート（第　次　時間目）

前時の活動		
	考えるための技法	関連する教科スキル
↓ 本時のねらい		
	場の工夫	使用ICT・資料
↓ 本時のゴール		
	学習形態の展開	これまでの体験
↓ 次時の活動		

1時間のイメージをしっかりと持てるようにすることが重要

のゴールのイメージを持つことが大切である。そのうえで、それを達成するために、どのような資料を用いるか、学習形態はどう展開するか、そして他教科と関連するスキルや内容は何かなどを書き出しておくことで、45分の授業を具体的にイメージできるようになるのである。

 ## 処方52　探究的な視点で単元デザインを構想する

　同僚の教員が45分の授業イメージが持てるようになると、次は単元レベルでの探究的な学習をイメージする研修を行うようにする。その際、必要なことは図5のような単元デザインをつくり、学習活動の見通しを持つことである。

　単元のデザインをつくる際は、次のような手順で行う。
○一つ目に期待する子どもの姿をイメージすること。
○二つ目に中心となる学習活動をイメージすること。
　とくに学習活動のイメージづくりには、単元にかかわる体験知や社会認識、

そして自然認識など複数の視点をおさえておくことが重要である。図5に示す5年生の単元は、身近な自然にある動植物の命をきっかけに学習活動を始めるので、活動の中心に動物の飼育に基づいた環境学習を据え、社会科や理科等の教科学習と関連を図りながら、動物

図5

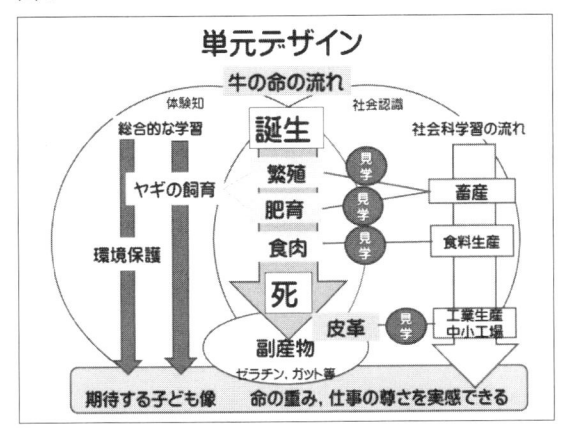

の命について多面的に考え、期待する子どもの姿へと導くことをイメージした。

　このように、子どもたちの思いや願いを理解したうえで、単元のデザインをつくり、学習活動を見通すことで、子どもたちを主体的・対話的で深い学びへと導きやすくなることを理解させたい。

 処方53　教科の学習内容を実社会の事象と関連づける

　写真6は、5年生の社会科で公害について学習した後に行った「希望の牧場」の板書である（たつの市立新宮図書館との連携学習）。絵本「希望の牧場」とは、原発問題によって飼育する牛を殺処分することを求められた主人公のYさんの、それでも飼い続けるという生き方を絵本で表現したものである。

　子どもたちは、議論を通して、家畜やペットの命が失われていることを知るとともに、放射能の影響と恐怖、そして

写真6

家畜を飼うことへの責任と愛情について理解した。つまり、社会科で得た知識をもとに新たに絵本から得た知識を関連させた議論が、深い理解へと導いたのである。

　また、国語や社会科での学びを活かして、「ヤギは環境にやさしいか」といったテー

マでの討論会もした。フリー発言の後、三つの資料を提示した。里山のシカの害を記した新聞記事、冬休みの飼育中に新芽を食べ尽くしてしまった**写真7**のシート、そして小笠原諸島の野ヤギの害についての新聞記事を提示したことで、とくに「ヤギとシカは違う」といった意見を持っていた子どもたちは、ハッと気づき、その結果、全体で「飼育者が責任を持って飼育することが自然環境を守る」と結論づけをすることができた。この結論づけは、外来種の飼育放棄の問題と関連していることからも貴重であった。

写真7

　子どもたちは、ヤギの飼育による体験知と身近な環境問題を関連づけながら、いっそう環境問題についての理解を深めることができた。やはり、教科の学習内容と実社会にある事象とを関連させることが深い理解に導くことと深く結びついていると考える。

処方54　お世話になった方のコメントを他者評価に活かす

　深い学びには、熟考する機会が重要である。とくに単元末に行うふり返りでは、写真8のようにお世話になった方を招待し、他者評価を受けることが効果的である。

　「メイ・ジン感謝の会」と題した5年生の成果発表会では、6ヵ月間のヤギの飼育で学んだことを、「ヤギの行動実験」や「命と向き合うこと」等のテーマごとに分けて、8グループがタブレットで編集したシートをもとに発表した。このシートづくりには、国語科で学んだ説得力のある伝え方に基づいて、話題の提示、根拠、結論づけが明確になるよう整理させることを重視した。集めた情報を自分の言葉で整

写真8

理して言語化することで、子どもたちは、ヤギの飼育での学びを改めて深く理解することができた。何より姫路市立動物園の飼育員さんによる専門家の立場からの高い評価は、子どもたちの心を明るくした。意欲的に取り組んだ体験活動を適切に評価されることが、子どもたちの学びに向かう力や人間性等を高めていくのである。このように専門家のコメントを他者評価としてマネジメントすることによって、子どもたちの達成感はいっそう高まるのである。

 処方55　OJT研修で具体的な授業スキルを同僚に伝える

　処方50から処方54まで、資質・能力を育成するための授業づくりのポイントについて述べてきた。それをOJT研修として、写真9のような実際の授業で示すことが効果的である。

写真９

　45分間の授業には、子どもたちの思考を引き出すために、発問や板書などのスキルに加えて、ワークシートを書かせるタイミングや本時のねらいへの迫り方など数多くのコツがある。OJT研修として授業を公開する場合は、参加する教員がどのようなニーズを持っているのか事前に把握しておくことが大切である。そして写真9のように、子どもたちの自主的な活動をみとる合間に具体的な解説を入れるようにする。そうすることによって、参加する教員も目的を持って研修でき、授業に対する理解も深まり、参加者自身の授業も向上していくのである。

　本校のOJT研修のように、45分間の授業すべてを参観するのではなく、参加者自身が求めるスキルを得たい導入、展開、終末場面に参観できるようにすることは、担任するクラスの授業や学級事務に係る負担を軽減することができる。そうすることで、効率よく効果的な研修となるのである。

〈授業研究後の研修会をどうマネジメントするか〉

　研究授業の事後研修会は、「参加者全員で行う授業のリフレクション」が

おすすめである。リフレクションとは「内省」の機会であるととらえる。研修の主催者は、無理なく参加できて、授業者も参加者も主体的に学ぶことができるような研修にすることを心がけたい。

処方56 探究的な視点で事後研修会を工夫する

「授業の意図の説明」では、授業者に約3分程度で、本時の授業が探究のプロセス（課題の設定－情報の収集－整理・分析－まとめ・表現）のどのステップに位置づくのかを明確にし、さらに図4の柱づくりシートも示しながら説明してもらう。

> 【リフレクションの流れ】
> ○授業の意図を説明（授業者より）
> ※意図に探究のプロセスを明確にすること
> ○リフレクション（意図に基づいて）
> ・学習課題に対する子どもの学びについて
> ・個に応じた教師のかかわり方について
> ○修正点の確認と結論づけ

リフレクションのコーディネーターは、授業の意図に基づき、「学習課題に対する子どもの学び」と「個に応じた教師のかかわり方」の二つの視点から協議の柱を提供する。参加者は、その柱に基づき、提案授業で、みとった子どもの様子から自分なりの考えを発言するようにする。フリートークによる発言内容をコーディネーターが小黒板を用いて板書による可視化・構造化を図る過程は、いわゆる「教師版『探究的な授業』」であるととらえている。「教師自身が探究的な授業を経験することで、探究的な授業の流れを日々の授業に活かすことができる」との仮説に基づいた研修方法である。

最終的に、構造化された板書をもとに授業における修正点の確認と結論づけを行い、それをもとに授業者は、2週間以内に、A4判2枚で「授業のリフレクション」として言語化するのである。

写真10は、その具体的な流れを示したものである。まずコーディネーターから協議の柱が示される。この日の柱は、「日々の探究的な授業をふり返り、その成果を分析しよう」である。会の進行を、「短冊による個別の可視化→全体による話題の共有と分析（座談会形式）→結論づけ」とすることを確認し、短冊の記入に入る。

個々に記入した短冊は、テーブルにある探究のプロセスに位置づけて整理

する。その結果、「課題の設定」に最も短冊が
置かれ、次に「整理・分析」に置かれた。そこ
で、最も関心のあるテーマを軸に座談会に入る
のである。

写真10にあるように、フリートークは、自
分の短冊をもとに発言する。短冊を示すことで、
ポイントしぼった発言を心がけることができ、
その結果、聞き手もその発言に対して賛同した
り、発言をつなぎやすくなったりした。

写真10

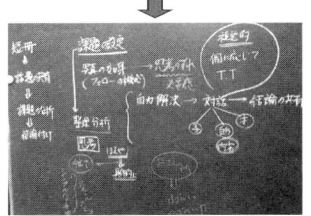

> なぜ「座談会形式」なのか？
> 　一般的には、「ワールドカフェ方式」が利用さ
> れることが多いが、参加者が、協議の柱につい
> て自信を持って発言しづらい雰囲気があったり、
> 分析結果を全体で共有したりしたい場合で、し
> かも10人前後の参加者であれば、「座談会形式」
> が効果的であるととらえた。

〈キャリア形成に向けた特別活動をどうマネジメントするか〉

　特別活動における集団活動や体験的な活動は、キャリア教育と深くかかわ
っている。そこで、人間関係形成や自己実現などの視点から、特別活動をど
のようにマネジメントするかが重要である。

 処方57　複数の視点から学級経営案を作成する

　各担任が行う学級経営は、子どもたちと担任の「○○なクラスにしたい」
という思いや願いを達成するために、図6に示すように、子どもの姿はもち
ろん、その学年の行事を含む特別活動、そして教科や総合などの学習内容か
ら方策を探っていくことが重要である。ここが学級経営にかかわるカリキュ
ラム・マネジメントである。

　6年生を例に、手順を紹介する。まず、子どもたちとともに学級目標をつ
くる。第1回学級会がその話し合いの場となるが、先輩たちが取り組んでき

た児童会活動や学校行事での役割、そして学習内容など複数の視点から、学級として伸ばしたい力について話し合うことが大切である。

次に、この学級目標を日々の学習活動のふり返りに活かすことを考える。そのため、学級目標を教室内の子どもたちの見やすい場所に掲示しておくとよい。集会活動を行った際、学級目標を視点にクラゲチャートを用いたふり返りを行い、「企画内容」と「下級生へのかかわり」における改善点を次回の活動に活かすことが重要である。写真11のように、ふり返り掲示板があることも、他者と比較しやすく、より具体的にふり返るきっかけになる。

図6

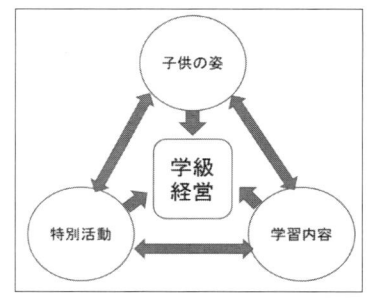

写真11

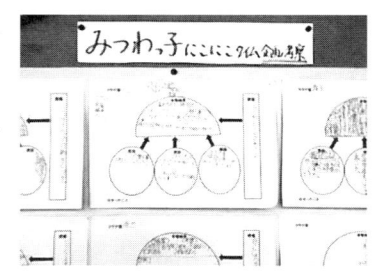

このように、学年に応じた「主体性」を育むために、子どもたちの思考に、「企画－ふり返り－改善による企画」のPDCAサイクルを定着させることが大切である。

 処方58　各種指導計画の内容を関連させて体験的な活動をマネジメントする

学校現場には、たとえば子どもたちの健康づくりなら、食育指導計画や保健指導計画など複数の指導計画が存在する。それらのポイントを整理し、子どもたちが主体的に活動できるようにマネジメントすることが必要である。図7に示す「みつわっ子元気アップ」をもとに説明する。みつわっ子元気アップとは、食育、保健、体育年間指導計画のうち、食生活調査と指導、健康生活に向けた指導、体力テストと指導を重視してマネジメントした内容について、計画－実践－評価－改善し、子どもたちの健康づくりに努めようとする活動である。チェック機能を果たすのは、教員で組織する毎月末の生活指導委員会と取り組みへの意見や専門的なアドバイスを受ける学校保健委員会

4

図7

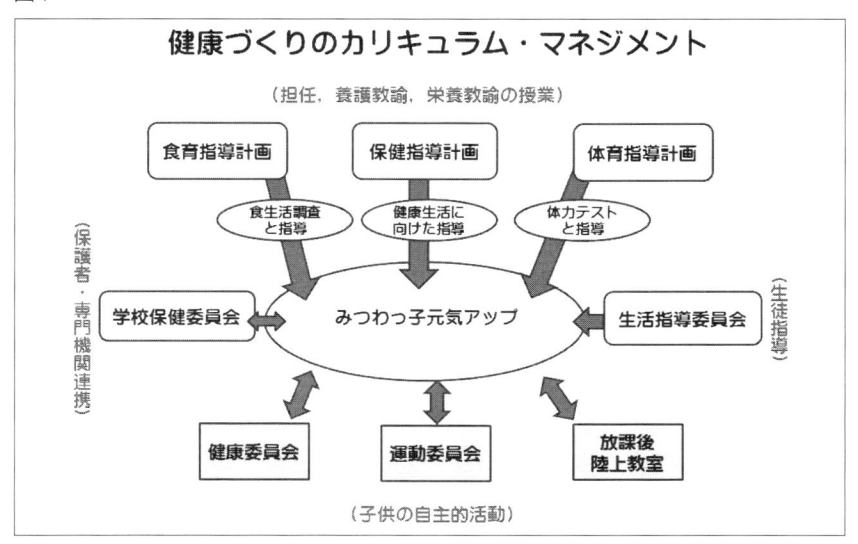

である。子どもたちが特別活動の一環で活動する委員会活動や4年生以上の希望者が参加する放課後陸上教室とも連携し、子どもたちの意欲を大切にしつつ、健康な体づくりへの資質・能力を育成しようとしているのである。

たとえば体力づくりについてなら、元気アップタイムを月1回の約20分を設定し、クラス単位を基本に、集団で運動する楽しさが味わえるようにしている。とくに春の体力テストで、近年課題となっている「投げる」運動を重点的に取り入れながら能力の向上も図る時間は、効果的である。たとえば、6年生だと次のようなメニューを組んでいる。

「投げる」運動に関するメニューの例（6年）	
分かる できる	○投げ方のコツ：肩の使い方、肘の使い方、足の使い方 ○遠くまで投げよう：角度とボールを放すタイミング ○強く当てよう：コーンをめがけて
用いる	○みんなで楽しもう：ボール鬼やドッジボール　など

図1の学びの推進モデルにあるように、習得させたい体の使い方を繰り返し練習する時間を持つことで、ボールの投げ方が変わり、投げる距離を意識したり、投げる機会を増やそうとしたりするように変わった。全校的にも外

遊びの機会が増えたことから、組織的に取り組むことでの効果は大きい。

*

　新学習指導要領がめざす子どもたちの資質・能力の育成には、校内研修の中心的な立場となるミドルリーダーの役割は重要である。「チームとしての学校」を意識しつつ、授業を探究的な流れへと改善することはもちろん、子どもたちの学びを支える学習環境、学級経営、そして特別活動など、子どもたちのキャリア形成を育む教育活動にも目を向けた研修を推進し、知徳体のバランスのとれた学校づくりへの任務を果たしたい。

5　スタートカリキュラムのカリマネ

10の処方

5章

スタートカリキュラムのカリマネ10の処方

愛知県知多市立東部中学校教諭　**八釼　明美**

　小学校学習指導要領（2017年）第1章総則「4　学校段階等間の接続」では、接続にかかわる事項を次のように示している（下線、傍点は筆者による）。

　「(1)　幼児期の終わりまでに育ってほしい姿を踏まえた指導を工夫することにより、幼稚園教育要領等に基づく幼児期の教育を通して育まれた資質・能力を踏まえて教育活動を実施し、児童が主体的に自己を発揮しながら学びに向かうことが可能となるようにすること。

　また、低学年における教育全体において、例えば生活科において育成する自立し生活を豊かにしていくための資質・能力が、他教科等の学習においても生かされるようにするなど、教科等間の関連を積極的に図り、幼児期の教育及び中学年以降の教育との円滑な接続が図られるように工夫すること。特に、小学校入学当初においては、幼児期において自発的な活動としての遊びを通して育まれてきたことが、各教科等における学習に円滑に接続されるよう、生活科を中心に合科的・関連的な指導や弾力的な時間割の設定など、指導の工夫や指導計画の作成を行うこと」。

　これまで、幼稚園・保育所等と小学校の円滑な接続は、「小1プロブレムなどの問題を解決し、学校生活への適応を進めることになる」（文部科学省「小学校学習指導要領解説　生活編」2008年、45頁）と示されていたが、今回の小学校学習指導要領においては、「……主体的に自己を発揮しながら学びに向かう」と、積極的な意味あいが込められている。また、「小学校入学当初（以下、スタート期）においては、幼児期において自発的な活動としての遊びを通して育まれてきたことが、各教科等における学習に円滑に接続されるよう……」とあるように、スタート期の指導計画は、学校生活への適応にとどまらず、各教科等への接続をも果たすものと示されている。子どもたちの資質・能力を育むために、幼児期の教育の成果や、「幼児期の終わりまでに育ってほしい姿」を手掛かりに、スタートカリキュラム（以降、スタカリ）を効果

的に作成し、工夫して運用に当たることが必要である。

そこで、スタカリの作成や運用等、マネジメントの考え方やコツを「学校スタカリ」と「学級スタカリ」の考え方を基に、10の処方として提案する。

 ### 処方59　資質・能力を育むためにスタカリのカリマネを知る

「学校スタカリ」（図1）とは、全校体制で計画・実施し、子どもたちの姿を通して評価・改善していくスタカリのことである。校長のリーダーシップのもと、教育課程編成のチーフであり幼小接続の要としての教務主任を中心に、生活科主任、1年生の担当者等で組織したチームで作成をするとよい。

なお、作成した「学校スタカリ」は、次年度以降、マイナーチェンジしていくことで、学校の特性を踏まえながらも部分改定することができる。

PLANでは、入学後20日間程度の「学校スタカリ」を作成する。スタート期は小学校1年生の1学期まで続くととらえるものの、20日間程度を学校全体で「学校スタカリ」に取り組む特別な期間としておくと、全教職員の共有理解を図りやすい。作成した「学校スタカリ」の一覧表を配付し、DOでは、

図1　「学校スタカリ」と「学級スタカリ」のマネジメント

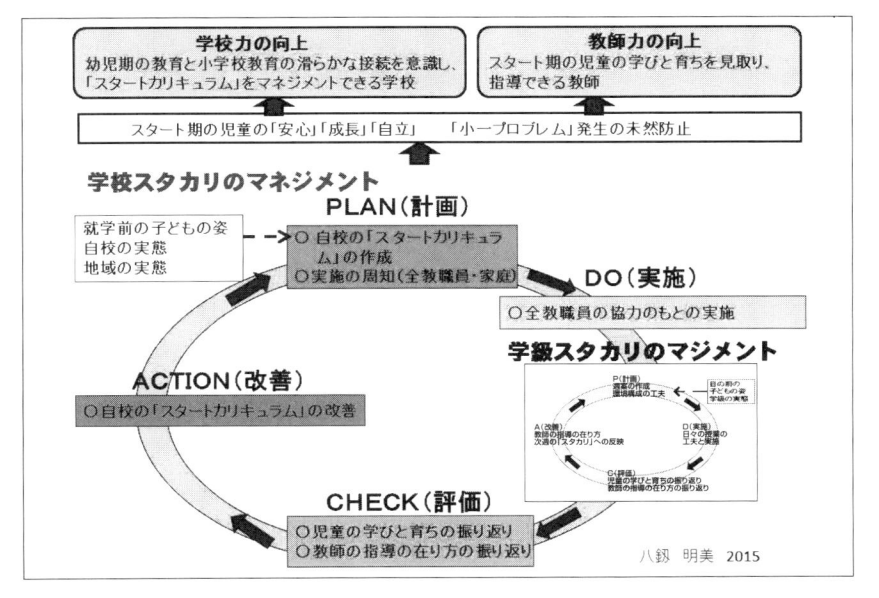

全教職員の協力のもと、実施する。たとえば、学校探検を実施するときは、朝の打ち合わせ等で教職員に、「学校探検で子どもたちがグループで探検をします。危険なことをしていたら注意をしてください。また、子どもたちが先生方にインタビューをしますので、対応をお願いします」などと連絡をしておけば、多くの教職員が、一覧表を基に意図的に対応をしてくれる。

　しかし、「学校スタカリ」を複数の学級が同時に実施することで、活動場所や活動時間が重なり合ってしまうことがある。それを解消するものが1年生の各担任が計画、運用する「学級スタカリ」（図1・2）である。「学級スタカリ」は、目の前の子どもの姿や学級の実態を加味して、自分の学級用に微調整、またはアレンジを加えたスタカリと言える。担任の持ち味や個性はここで発揮したい。

　Pでは、「学校スタカリ」を基に、週案を作成するとともに、環境構成を計画する。Dでは、各担任が、計画したことを実践していく。しかし、1年生の各担任にとって大切なことは、計画したスタカリをこなすことではなく、目の前の子どもたちに柔軟に対応しながら、義務教育を支えるだけの土台を築こうとすることである。担任は、子ども一人ひとりの姿や内面を的確に見取り、個に応じた指導を心掛けたい。Cでは、児童の学びと育ちを基に、教師の指導のあり方を振り返る。成果のあったことや改善すべきことがあれば、その都度週案に朱書きする。Aでは、週案の朱書きを基に、教師の指導のあり方や、次週の計画を確認したり、改善したりする。

　このように、「学校スタカリ」のDOでは、「学級スタカリ」の小さなP－D－C－Aが実施週数分繰り返されることになる。

　計画した「学校スタカリ」を各学級で「学級スタカリ」として実施した後は、「学校スタカリ」のCHECKとして作成メンバーで「学校スタカ

図2　「学級スタカリ」のマネジメント

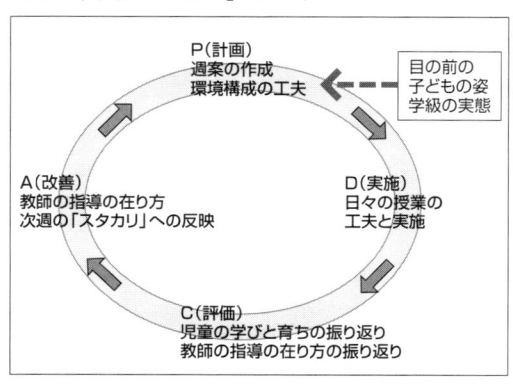

リ」を「学級スタカリ」（週案）の朱書きを基に振り返る。それぞれの学習
活動の成果を児童の姿をもとに振り返るとともに、指導のあり方や手立てを
吟味し、最後にACTIONとして、今年度の「学校スタカリ」を次年度用に
改善する。

 処方60 「3つのつなぐ」＋「行政のつなぐ」を実現させる

「接続」とは、幼児期の教育と児童期の教育
をつなぐことである。そして、そのバトンの一
つが、接続期カリキュラム（アプローチカリキ
ュラムとスタカリ）と言うことができる。しか
し、このバトンを効果的につなぐ（「カリキュ
ラムをつなぐ」）ためには、幼稚園・保育所等

図3　3つのつなぐ

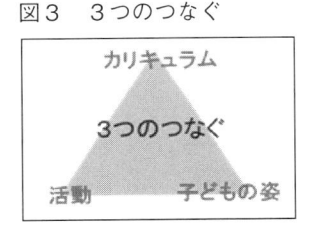

と小学校が「連携」することが大前提となる。連携してカリキュラムをつく
り、「カリキュラムをつなぐ」ことはもちろんのこと、一人ひとりの「子ど
もの姿をつなぐ」ことや、一緒に「活動をつなぐ」こと（図3）、また、そ
れらを行政が支えること（「行政のつなぐ」）も大切だ。

表1は、知多市内のある小学校における入学前後の計画である。前年度か
ら「3つのつなぐ」と「行政のつなぐ」を大切にしていることが分かる。ま
た、スタートとなる8月の「幼保小交流会」では、市内の私立を含む幼稚園・

保育所等の園長お
よび年長担当者と
小学校の教務主任
および1年生担当
者が会し、接続期
の教育について学
んだり、小学校区
ごとに情報交換を
したりする（写真
1）。行政のリー
ダーシップによ

表1　「3つのつなぐ」＋「行政のつなぐ」の計画例

8月	幼児保育課・学校教育課主催による幼保小交流会1	行政のつなぐ
9月	特別支援学級入級予定園児の小学校見学	子どもの姿をつなぐ
10月	就学時健康診断における、子どもの心身的な見取り	子どもの姿をつなぐ
11月	1年生が園児を招いて行う交流会（生活科）	活動をつなぐ
12月	幼児保育課・学校教育課主催による幼保小交流会2	行政のつなぐ
2月	入学説明会時における小学1年生と園児との交流会（生活科）	活動をつなぐ
	入学説明会時におけるスタートカリキュラムの保護者説明	カリキュラムをつなぐ
2〜3月	小学校教師が園に出向き、子どもに関する情報を得る幼保小情報交換会	子どもの姿をつなぐ
3月	幼保小情報交換会等を基にした新1年生の学級編制	子どもの姿をつなぐ
4月	入学式におけるスタートカリキュラムの保護者説明	カリキュラムをつなぐ
4〜5月	スタートカリキュラムの実施　週案の家庭への配付	カリキュラムをつなぐ
4〜5月	幼稚園・保育所等の教師・保育士による新1年生の授業参観	子どもの姿をつなぐ

り、市内の教師・保育士が顔見知りとなり、この後の「連携」「接続」が大いに促進する。

 処方61　親と子が自立への一歩を踏み出せるように就学前の学校体験を工夫する

写真1　幼保小交流会

入学前に「授業体験」「給食体験」などを実施する小学校も多い。しかし、幼小接続だからといって、機械的にそれを実施するだけでは芸がない。この機会を大いに利用して、親と子の不安を一蹴させ、自立への一歩を踏み出させたいものだ。

写真2　給食体験

写真2の「給食体験」には、園児が不安にならないための工夫が施されている。分かるだろうか。それは、園児2人を隣同士にしている点である。小学校の教師は、各グループに園児を均等に配置したがるものだ。しかし、それは、小学生側のメリットでしかない。園児にとっては、知っている友だちがそばにいるだけで、不安が軽減する。

また、このクラスの1年生がつくったランチョンマットを敷いている。画用紙に「ようこそ」というメッセージと園児の名前とイラストが色鉛筆でかかれた簡単なものだ。しかし、このランチョンマットを見た園児たちは、「みんなが、僕たち、私たちを待ってくれているのだ」と、感じただろう。実際、園児たちは、この

写真3　子どもの様子を参観する保護者

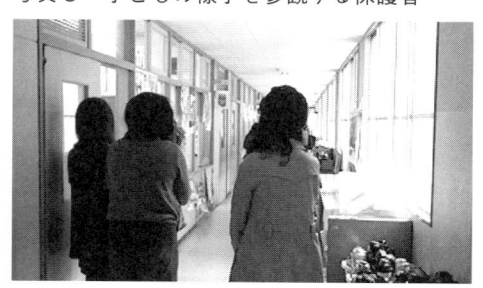

ランチョンマットを大事そうに持ち帰っていった。

　保護者が参観に来られた場合は（写真3）、「お子様は、自立への扉を開けようとしています。姿をなるべく見せないようにそっと見守ってあげてください」などと呼びかけたい。そうすれば、きっと写真のように陰から子どもたちを見守ってくれる。手を出したいところを我慢させる。保護者も自立のときである

 処方62　資質・能力を意識して、スタート期の各教科の目標を設定する

　学校生活に慣れることだけがスタート期の目的ではない。スタート期からも子どもたちの資質・能力を育成したい。そのために必要なことは、幼児期の教育を理解したうえで、スタート期における各教科等の目標を設定し、それをスタカリの計画や実施に反映させることである。

図4　幼児期の教育と児童期の教育

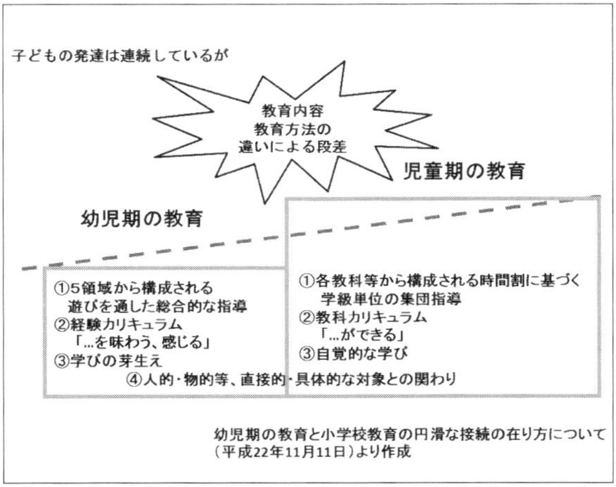

子どもの発達は連続しているが

教育内容
教育方法の
違いによる段差

児童期の教育

幼児期の教育

①5領域から構成される
　遊びを通した総合的な指導
②経験カリキュラム
　「…を味わう、感じる」
③学びの芽生え
④人的・物的等、直接的・具体的な対象との関わり

①各教科等から構成される時間割に基づく
　学級単位の集団指導
②教科カリキュラム
　「…ができる」
③自覚的な学び

幼児期の教育と小学校教育の円滑な接続の在り方について
（平成22年11月11日）より作成

　幼児期の教育は、5領域から構成される遊びを通した総合的な指導であり、「味わう」「感じる」を目的とした経験カリキュラムである。一方、児童期の教育は、各教科等から構成される時間割に基づく学級単位の集団指導であり、「できる」を目標とした教科カリキュラムである（図4）。

　たとえば、写真4は、3歳児が「ごっこ遊び」をしている場面である。すぐ近くに置いてあるドングリをお料理に使ったり、ペットボトルキャップの中に入れたり、ごちそうとして味わったりしている。こうした「ごっこ遊び」そのものが学びと言える。しかし、それだけではない。子どもたちは、遊び

を通して、数の感覚をも豊かにしている。よく見ると、お皿としてのケースの中には、数の違うペットボトルキャップが並んでいる。キャップの中にドングリを入れながら、数の違いをとらえたり、数の感覚を豊かにしたりしている。また、10個入りのケースを使うことで、知らず知らずのうちに10進法の感覚をも身につけている（写真5）。では、幼児期において自発的な活動としての遊びを通して育まれてきたことをスタート期における各教科等の目標としてどの

写真4　ごっこ遊びの様子

写真5　数の感覚を豊かにする仕掛け

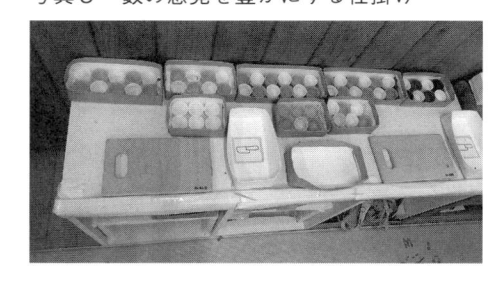

ように設定したらよいのだろう。筆者が勤務する知多地方のカリキュラム「知多地方教育計画案（知多カリ）」では、アプローチカリキュラムにおける学習内容や学習方法、成果を踏まえて、スタート期における各教科等の目標を表2のように定めている。

　たとえば、算数では、スタート期の目標を、「体験的な活動を通して数の感覚を豊かにして、物の個数を数えることができる」としている。教科カリキュラムゆえ、文末表現は「〜できる」としているものの、「体験的な活動を通して」や、「数の感覚を豊かにして」などと、幼児期の教育を大事にしていることが分かる。

　また、実際、知多カリのスタカリの算数の詳細案（図5）の6日目を見てみると、数字の概念を覚え込ませる授業ではなく、「かず　あわせ　げえむ」という遊びを通した展開となっている。タンブリンの音を聞く、カードの文字を見る等、諸触覚に働きかけ、折った指と音や文字の数が対応できるような数え方をしている。就学前の遊びを知ることが、スタカリ作成の肝となる。

表2　知多カリにおける各教科等の目標

生活………学校の施設の様子及び、学校を支えている人々や友達のことが分かり、楽しく安心して遊びや生活をすることができる。
国語………学校生活の言葉や適切な声量を知り、本や文字、言葉に親しむことができる。
書写………鉛筆の適切な持ち方、姿勢、筆圧で文字を正しく書こうとする。
算数………体験的な活動を通して数の感覚を豊かにして、物の個数を数えることができる。
音楽………音楽に合わせて体を動かしながら、楽しく歌ったり聴いたりすることができる。
体育………固定施設で遊んだり、簡単なゲームで遊んだりして、体を動かすことの楽しさを感じることができる。
図画工作…クレヨンを用いて、自分の大好きなものや伝えたい出来事などを表現することができる。
道徳………進んで気持ちのよい挨拶をしたり、きまりを守ったりしようとする。
学級活動…学級の友達と仲よくして、学校生活に慣れ、学校生活を楽しもうとする。

図5　「知多地方教育計画案（通称：知多カリ）」

	3　たのしい　がくしゅう 「かぞえて　みよう」①	時間計上にかかわる各教科等：算数　音楽　生活
6日目	○指を使って数を数える練習をする。 ・教師の手拍子の数を指を使って数える。 ○音の数だけ仲間を集める「かず　あわせ　げえむ」をして、遊ぶ。 ・タンブリンの音を指を使って数える方法で行う。 ①音楽が鳴っている間は、歩く。 ②音楽が止まったら、その場で止まり、タンブリンの音の数を聞く。 ③タンブリンの音の数を指を使って数えて、同じ人数で集まって座る。 ○文字の数だけ仲間を集める「かず　あわせ　げえむ」をして、遊ぶ。 ・カードに書かれた文字数を指を使って数える方法で行う。 ①音楽が鳴っている間は、歩く。 ②音楽が止まったら、その場で止まり、教師が用意したカードを見る。 ③文字の数を指を折って数えて、同じ人数で集まって座る。	・生活科の教科書口絵P.6、7「たのしい　がくしゅう」での学習を想起させ、数への関心を高めさせる。 ・算数「オリエンテーション」として計上するが、遊びを通して、数の感覚を豊かにすることを目的とする。 ・全員を座らせ、静かな環境の中で、指を折って数えさせる。 ・机を移動して行うとよい。 ・「さんぽ」など、音楽「あつまれ！おんがく　なかま」の曲を使う。 ・ここではまだ、折った指とタンブリン音の数が1対1で対応できればよい。 ・動物名や果物名などを活用するとよい。 ・カードには、例えば「ぞ・う」「き・り・ん」「ぱ・ん・だ」のように児童がよく知っている動物にするとよいが、慣れてきたころに、「じ・ゃ・い・あ・ん・と・ぱ・ん・だ」など、長い名前や知らないような名前を出すと盛り上がる。（動物名の場合） ・ここではまだ、折った指と文字の数が1対1で対応できればよい。 ・「もうじゅうがり」で行う方法もある。

処方63　「幼児期の終わりまでに育ってほしい姿」を基に学習活動を考える

　アプローチカリキュラムは幼児期の教育において今の学びがどのように育っていくかを見通したうえで、またスタカリは児童期において今の学習がど

図6 「幼児期の終わりまでに育ってほしい姿」と「鬼遊び」

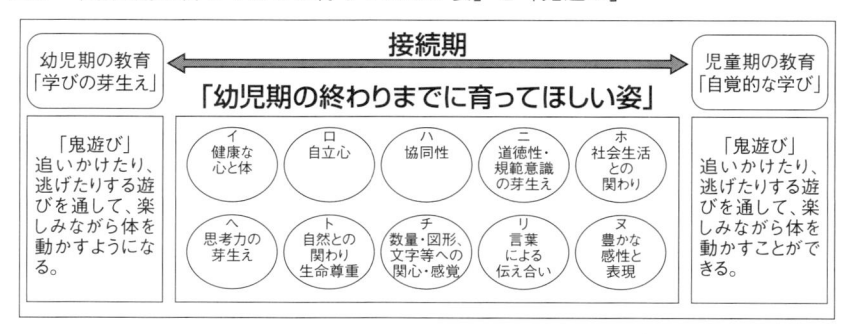

のように育ってきたかを見通したうえで編成することが大切である。このと
き、「幼児期の終わりまでに育ってほしい姿」（幼稚園教育要領、保育園保育
指針、2017年）を基に学習活動をとらえることで、「スタート期に育つべき姿」
が見えてくる。学習活動「鬼遊び」を例にして説明する（図6）。

「鬼あそび」を通して育ってほしい姿は、一般的に「イ　健康な心と体」
の内容ととらえる。しかし、みんなで楽しく遊べるように育ってほしければ
「ハ　協同性」、ルールを守れるように育ってほしければ「ニ　道徳性・規範
意識の芽生え」、遊び方やルールを工夫できるように育ってほしければ「ヘ
思考力の芽生え」として指導することができる。表面的には同じ「鬼遊び」
でも、教師の指導観により、学習活動の方法や意味合いが変わってくる。

目の前の子どもの姿や学級の実態、教師の願いを基に、指導に当たりたい。

 処方64　安心と自信を高めるために、学校探検は複数回設定する

「学校には、どんな人がいるのだろう、どんなものがあるのだろう、どん
な楽しいできごとがまっているのだろう」入学したての子どもたちは、未知
の学校に興味津々である。教師としても、これから子どもたちに、より多く
の「人、もの、こと」と出会わせて、学校のことを知ってもらいたい、好き
になってもらいたいと願っている。それを実現する学びの一つが学校探検と
言える。しかし、ただ単に学校探検を計画するのでは意味がない。子どもた
ちに安心と自信、そして学びに向かう力を醸成させるために、1回1回の学
校探検に意味をもたせて複数回計画したい。

たとえば、図7のように、学校探検①②は、教師引率の学校探検とする。校舎内外における特別教室等のありかだけを確認させる学習ではなく、「この人はどんな人だろう」「これは何だろう」「これは何をするところなのだろう」などと、常に考えを巡らせながら探検させたい。なお、探検後は、気になる「人、もの、こと」を絵や文字、言葉などで表現させる。

図7　5回の学校探検

学校探検①	教師引率による校舎内の探検
学校探検②	教師引率による校舎外の探検
学校探検③	グループによる校舎内の探検
学校探検④	グループによる校舎外の探検
学校探検⑤	学校の人と仲良くなる探検

　学校探検③④では、もう一度会ってみたい人、見てみたいもの、行ってみたい場所等を伝え合わせ、グループで探検する計画を立てさせる。そして、校舎内外の簡単な地図を頼りに、ルールを守って探検させる。学校探検①②の「この人はどんな人だろう」「これは何だろう」「これは何をするところなのだろう」という問いに対して、答を探る意味ある探検である。ルールを守り、自分たちで計画したことを自分たちの力でできたとき、1年生になったのだという自信がわき、学びに向かう力が醸成されるだろう。

　また、学校探検①②③④を通して、「この人はどんな人で、何をしているのだろう」と人にも着目させておき、学校探検⑤につなげる。多くの大人が自分たちを見守ってくれていることを知り、学校は安心して生活したり学習したりできる場所だと実感することができるだろう。また、学校で働く教職員や上級生との出会いにより、学校生活への期待が膨らむだろう。

 ## 処方65　資質・能力の3つの柱を意識し、体験で気づいたことを表現させる

　学校探検を複数回体験しているうちに、「こうちょうしつにあったいす」が、校長先生との出会いにより「こうちょうせんせいのまわるいす」へと変容する。観察池の中の「つぶつぶいりのゼリー」が「オタマジャクシ」に変容す

ることで、その正体が「カエルの卵」と結びつ
き、命の営みにも気づく。

写真6　探検後の絵カード

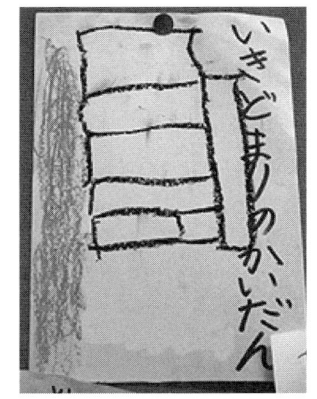

　このように、学校の「人、もの、こと」が単
なる名称として記憶されるだけでなく、特別で
意味のある「人・もの・こと」となるように支
援したい（生きて働く知識・技能）。それには、
思考・判断・表現することが欠かせない。

　探検から帰ってきたら、教師は、子どもたち
が見たことや感じたことをわくわくしているう
ちに絵・文字、言葉で引き出す（写真6）。カ
ードに椅子の絵をかいていたなら、「これは何
か特別な椅子なの？」と聞いてやる。子どもたちは、きっと「校長先生が座
っていたよ」「校長先生とお話したよ」などと、エピソードを語ってくれる
はずだ（思考・判断・表現）。

　このように、知り得た情報としての「知識・技能」が、子どもたちの個別
のエピソードと関連したとき、意味のある「人、もの、こと」となる（生き
て働く知識・技能）。

　一方、友だちが発見したことや、感受したことなどもしっかり味わわせて
やりたい。そうすることで、学校のイメージがさらに広がり、もっと学校を
好きになるはずだ。体験したり表現したりする子どもたちの学びを保障して
やることで、子どもたちは、学ぶことの楽しさを知るだけでなく、前のめり
になって学ぶようになるだろう（学びに向かう力、人間性）。

 **処方66　学びに必要感、必然性が感じられるシチュエーション
を演出する**

　「上の服を脱いだら体操服の上のシャツを着ましょう。下の服を脱いだら、
下のハーフパンツを履きましょう。たたみ方は……」。

　子どもたちの生活上の自立をめざして、スタート期のうちに、ていねいな
指導をしておきたい。しかし、全員が体操服に着替えたり、全員が体操服を
脱いだりするまでには、相当な時間がかかる。ただ単に、上記のように体操

服の着脱の練習だけに時間を費やすのはもったいない。こうした場合は、体操服を着たら、そのまま体育を行い、終わったら脱ぐという必要感、必然性のあるシチュエーションをつくりたい（図8）。

　また、「学校スタカリ」の10日目（図9）のように、登校後に朝の会、下校前に帰りの会の仕方を覚えるなど、常時活動を1日の流れのなかで体感させられるような指導をしたい。さらには10日目のように、天気に合わせた指導もしたい。

● 雨具のしまい方を知る。

● 雨の日にふさわしい過ごし方（読書等）を知る。

● チャイムや放送の役割を知る。

　ただし、10日目に雨が降るとは限らない。それまでに、雨が降ったなら、10日目の学びを繰りあげて実施すればよい。雨が降らなかったら、この学びを雨が降るまで延期すればよい。雨が降った日に、雨の日の過ごし方を実体験させることで、学び自体に必要観、必然性が湧いてくる。

　自然な流れのなかで、スタカリを実施したい。

 処方67　資質・能力を総合的に育てるために、合科的・関連的指導を取り入れる

　学校探検は生活科を核として、合科的・関連的に扱うと効果的である。

　11日目の学び（図10）は、「教師引率による校舎内の探検」の例である。「廊下は、右側を歩こう（道徳等）」「授業中、廊下を通る時の声の大きさは、0か1の声で（国語等）」などと学んでから探検に出発し、生活科を核にしながら実際にそれらを実践する計画となっている。また、学校探検の後は、関連的な学習を設定することができる。たとえば、12日目（図10）のように、学校探検で見たものを伝え合い、もう一度行ってみたい場所のなかから、「保健室」に関連させ、学校行事としての「身体測定」につなげる。このとき、保健室の先生に挨拶をする方法や、保健室に行くときの並び方を国語や学活などとの合科として扱うこともできる。「音楽室」に関連させて、音楽室で音楽の授業をしたり、「図書館」に関連させて、国語として図書館で読み聞かせをしたりすることなどもできる（図10）。

図8 「学校スタカリ」8日目

	1時間目	2時間目	3時間目
8日目	これから学習することとして体育を行う。また、みんなで考えたルールで運動をする。／体つくり運動（体ほぐし）。体操服の仕方を知る。準備と片付けの仕方を知る。（体操服を着る）。(ハイニロ)	道徳に移動して「体つくり運動（体遊び）」を行う。約束を守って、みんなが使うものを大切にすることを考える。(イニ)／体育館に移動し、背の順に並んで体育館に行き、体操服に着替え、みんなで考えたルールで「ゲーム（鬼遊び）」をする。※雨天時は体育。集合の仕方を覚える。(ハイロ)	これから学習することとして道徳を行う。／道徳の目標を知る。準備と片付けの仕方を知る。(ロハニ)／体育のまい挨拶、言葉遣い、動作を心がけて、明るく接することを考える。(ニイハ)

図9 「学校スタカリ」10日目

	1時間目	2時間目	3時間目
10日目	国語と学級。相手に応じた挨拶や国語に親しむ。言葉の大切さを理解する。お話を丁寧に大きさで話をすること。役割を果たすことの大切さを考える。(ハ)	雨が降った日を活用して、雨具のしまい方や雨の日や雨の日にふさわしい過ごし方を考え、チャイムや放送に気を付けながら、落ち着いて過ごす。国語と学級。雨の日の過ごし方を考える。(ニ)／国語。読み聞かせを聞いたり国語で本を選んで読んだりするなど、本に親しむ。(ホ)	これから読み聞かせを聞いたり、実際に読み聞かせを聞いたりしながら、落ち着いて過ごす。／国語と学級。相手に応じた挨拶や、お話を丁寧に大きさで話をすること。(リ)／自習天気の仕方を考え実施する。／音楽。知っている歌をみんなで歌う。(ヌ)

図10 「学校スタカリ」11〜13日目

	1時間目	2時間目	3時間目
11日目	探検①。生活科の学習目標を知り、校舎内を探検する仕方を知る。校舎内をみんなで探検する計画を立てる。教師の引率の下、校舎内を探検する。／生活科の学習目標を知り、校舎内をみんなで探検する計画を立てる。(ロハ)	探検①。校舎内を見学後、名簿順に並んで見学した場所、ものを、会ったことのある人について伝え合い、校舎内を探検する計画を立て、発見したことを伝え合う。(イ)／保健室に行く。身体測定を受ける。(イ)	見た物、会ったことのある人に、会ったことのある人に挨拶をするなど、相手に応じて挨拶をすることやさわやかに挨拶をすることや、相手の大きさを調整したりすることを知る。／校舎内を探検する様子について伝え合い、教師引率の下、みんなで探検する。(リヌ)
12日目	生活科の学習目標を知り、国語と学級。相手に応じた挨拶や使うものを大切にすることを考える。挨拶をすることの大切さを考える。(ハニ)／校舎内探検を振り返り、もう一度行ってみたい場所として名簿順に並んで身体測定を受ける。	校舎内を探検する振り返り、もう一度行ってみたい場所は、図書館では、いろいろと動いたり、いろいろな場所を、自分で本を読んだり、読み聞かせを聞いたり、本に親しむ。(イ)／国語。読み聞かせを聞いたり、本に親しむ。	第「1〜10」の具体物と半具体物（数図ブロック）、半具体物を1対1対応させ、数の多いについて調べる。(カ)
13日目	音楽。校歌を歌う。(ホイ)	音楽。校歌を一度行ってみたい場所を、もう一度行ってみたい場所として、音楽室に行く。／音楽。音曲に合わせて、手拍子をしたり、音に合わせて、手足を動かしたり、足踏みをしたり、手を打ったり、足踏みをしたり、仲よく歌う。(イ)	学。給食の準備、配膳、会食、後片付けの仕方を知る。(イ)

※行末の（イロハ）は「幼児期の終わりまでに育ってほしい姿」10項目に対応。

　なお、生活科は、社会科、理科、総合的な学習の時間の土台となる教科でもある。だからこそ、学校探検には、地図を活用させたい。生き物や草花にも触れさせたい。そして、子どもたちが知りたいこと、学びたいことを芽生えさせてやれる場とさせたい。

処方68　「学校公開日」を有効活用して、スタカリの成果と課題を見出す

　処方59で紹介したような学校内でのCHECK、ACTIONに留まらず、子どもたちの出身園の教師・保育士とも接続期の教育に関する成果と課題を確認することが望ましい。ただし、すべての出身園の教師・保育士と時間を合わせて、会議をするだけの余裕は正直ない。そこで活用したいのが、「学校公開日」である。年間に位置づけられている学校公開日に、保護者に参観案内を出すように、子どもたちの出身園にも参観案内を出したい。そして、スタート期におけるスタカリ実施の具体と子どもの姿を共有することで、成果と課題を見出したい。

　写真7・8は、5月土曜日の「学校公開日」の様子である。参観しているのは幼稚園・保育所等の教師・保育士である。「小学校に入学してから

写真7　授業参観をする教師・保育士

写真8　授業参観をする教師・保育士

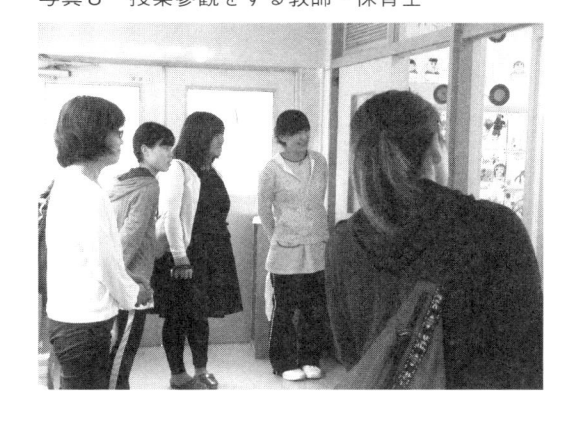

の子どもたちの姿がとても気になっていましたが、今まで見る機会がありません
でした。参観案内をいただいて、こうしてやっと見に来ることができま
した」と言う。今まで、小学校に対して、一歩踏み込めない壁があったのだ
と感じた。また、「教科書は、思っていたより楽しい内容になっているので
すね」「先生方が楽しく授業を進めてくれていました」「A児は、とても人見
知りだったので、泣いていないかなと心配していましたが、姿を見て安心し
ました」など、立ち話から、アプローチカリキュラムとスタカリの計画や実
施にかかわる成果と課題を見出すことができた。

　児童期の教育は、幼児期の教育なくしてあり得ない。指導者同士の壁をな
くし、「連携」することが、効果的な「接続」の鍵を握る。

6 小学校外国語・外国語活動のカリマネ10の処方

6章

小学校外国語・外国語活動のカリマネ 10の処方

文部科学省初等中等教育局教科書調査官　池田　勝久

　今回の学習指導要領改訂において、メディアが最も注目しているのが小学校における外国語教育であると言っても過言ではない。これまでの外国語活動の成果と課題を踏まえて、中学年での外国語活動の導入と高学年での教科化が決定され、これによって、小学校段階から高等学校まで一貫した外国語教育が実施されることになり、その充実が期待されている。

 処方69　外国語教育で育むべき資質・能力を三つの柱で理解する

　中央教育審議会の答申を受け、今回の改訂では、「生きる力」を育むために「何のために学ぶのか」という学ぶ意義を共有しながら、授業の創意工夫や教科書等の教材の改善を引き出していくことができるようにするため、すべての教科等の目標および内容を「知識及び技能」「思考力、判断力、表現力等」「学びに向かう力、人間性等」の三つの柱で再整理した。

　この資質・能力の三つの柱を、外国語活動・外国語科（小・中・高等学校）において育成すべき資質・能力としてとらえると、次のようになる。

(1)　「知識・技能」の習得

○外国語の特徴やきまりに関する理解

○言語の働き、役割に関する理解

○外国語の音声、語彙・表現、文法の知識を、「聞くこと」「読むこと」「話すこと」「書くこと」を活用した実際のコミュニケーションにおいて運用する技能

(2)　「思考力・判断力・表現力等」の育成

○外国語で、情報や考えなどを表現し伝え合う力

　●コミュニケーションを行う目的・場面・状況に応じて、幅広い話題について、外国語を聞いたり読んだりして情報や考えなどを的確に理解するコミュニケーション力、および外国語を話したり書いたりして情報や考

えなどを適切に表現するコミュニケーション力
- ●外国語で聞いたり読んだりしたことを活用して、外国語で話したり書いたりして情報や考えなどの概要・詳細・意図を伝え合うコミュニケーション力
○ 考えの形成、整理
- ●目的等に応じて、外国語の情報を選択したり抽出したりする力
- ●知識や得た情報を活用して、自分の意見や考えを外国語で形成・整理・再構築する力
- ●形成・整理・再構築した自分の意見や考えを、実際に外国語で表現する力

(3) 「学びに向かう力・人間性等」の涵養
○ 外国語を通じて、言語やその背景にある文化を尊重しようとする態度
○ 自律的・主体的に外国語を用いてコミュニケーションを図ろうとする態度
○ 他者を尊重し、聞き手・読み手・話し手・書き手に配慮しながら、外国語で聞いたり読んだりしたことを活用して、情報や考えなどを外国語で話したり書いたりして表現しようとする態度
○ 外国語を通じて積極的に人や社会とかかわり、自己を表現するとともに他者を理解するなど互いの存在について理解を深め、尊重しようとする態度

 処方70　外国語活動と外国語の共通点と相違点を確認する

　上述したように、外国語教育の特性を踏まえて三つの資質・能力を一体的に育成するため、小・中・高等学校で一貫した目標が設定されている。また、内容の設定に関しても、外国語活動と外国語（小）、小と中、中と高における学習内容の接続を踏まえ、体系的に構成されている。
　そこで、中学校外国語との違いを踏まえて、小学校外国語活動（中学年）と小学校外国語（高学年）との主な共通点および相違点を押さえたい。

(1)　外国語活動と外国語の共通点
○ 発達段階に応じて、自分のことや身近で簡単な事柄について、簡単な語句や基本的な表現を用いる言語活動が中心。

○中学校外国語のように語彙や文法を知識として直接教えることでコミュニケーションを図らせるのではなく、言語活動を通して、言葉が話された文脈や話し方などから相手が伝えようとしている意味や意図を推測する体験をさせる。

(2)　外国語活動と外国語の相違点

外国語活動（中学年）	外国語（高学年）
年間35単位時間	年間70単位時間
慣れ親しみ	定着
観点別評価…文章による記述	観点別評価と評定…数値
文科省の補助教材 Let's Try!	検定教科用図書
「聞くこと」 「話すこと（やり取り）」 「話すこと（発表）」の３領域	「聞くこと」「話すこと（やり取り）」「話すこと（発表）」に加え、 「読むこと」「書くこと」の５領域
文字を書く指導は行わない	書き写す、例文を参考に書くレベル
アルファベットの名称を指導する。聞いてどの文字か分かる。３年生大文字、４年生小文字に触れる機会	アルファベットには名称と音があることを指導する。ただし、音と綴りの関係は指導しない

 処方71　小学校の外国語教育の充実とカリマネの必要性を理解する

　新学習指導要領では、発達段階に応じて段階的に「読むこと」「書くこと」が加えられ、中学年から慣れ親しんでいる「聞くこと」「話すこと」を含めた４技能の定着が求められることとなった。現在、小学校での外国語教育充実に向け、補助教材We Can!・Let's Try!の配布、英語教育推進リーダー中央研修の実施、小学校外国語活動・外国語研修ガイドブックの配布等、文部科学省の施策が着々と進められているが、その一方で、結果が見えやすい「読むこと」「書くこと」の指導に焦点を当て過ぎてしまい、言語活動が中心ではない授業がすでに見られ始めている。このような「知識・技能」の習得だけをめざす外国語教育では、次期学習指導要領で育成すべき資質・能力のバ

ランスに欠け、結果として、児童の学習意欲の低下を招くことになりかねない。これからのグローバル化社会を生きる児童にとって、今、どんな外国語教育が求められるのか。次期学習指導要領の基本的な考え方や理念を踏まえた教育実践をどう展開したらよいのか。今、われわれは真剣にこれらについて向き合っていかなければならない。

新学習指導要領では、カリキュラム・マネジメントについて、「各学校においては、児童や学校、地域の実態を適切に把握し、教育の目的や目標の実現に必要な教育の内容等を教科横断的な視点で組み立てていくこと、教育課程の実施状況を評価してその改善を図っていくこと、教育課程の実施に必要な人的または物的な体制を確保するとともにその改善を図っていくことなどを通して、教育課程に基づき組織的かつ計画的に各学校の教育活動の質の向上を図っていくことに努めるものとする」と示している。

小学校では中学年・高学年において年間35時間の時間増となることから、この時数の確保をどのように行っていくのかについて、地域や各学校の実情に応じて検討することが求められている。これらを「カリキュラム・マネジメント」という言葉で表現する場面が多く見られるが、カリキュラム・マネジメントとは、本来、時数の確保や時間割編成だけを指すものではない。指導者が具体的なゴールイメージを共有すること。授業づくりと学級づくり。それを支える効果的な教材開発と指導体制。さらには、家庭や地域、教育行政への働きかけや支援もカリキュラム・マネジメントの規定要因となる。そして、見通しを持ちながら、教育活動と経営活動の全体や関係を俯瞰するリーダーの役割が求められるのである。

 処方72　小学校外国語教育カリマネ・モデルを活用する

図1は小学校外国語教育カリキュラム・マネジメント・モデルである。このモデルは、田村知子のカリキュラム・マネジメント・モデルの特徴として、「組織文化」を重要な規定要因として位置づけている点を、小学校外国語教育でも重視し、筆者が七つの規定要因を小学校外国語教育に適した言葉に具体化することで、どんな教科・領域にでも汎用性のあるカリキュラム・マネジメント・モデルを小学校外国語教育用に特化したものである。

図 1　小学校外国語教育カリキュラム・マネジメント・モデル

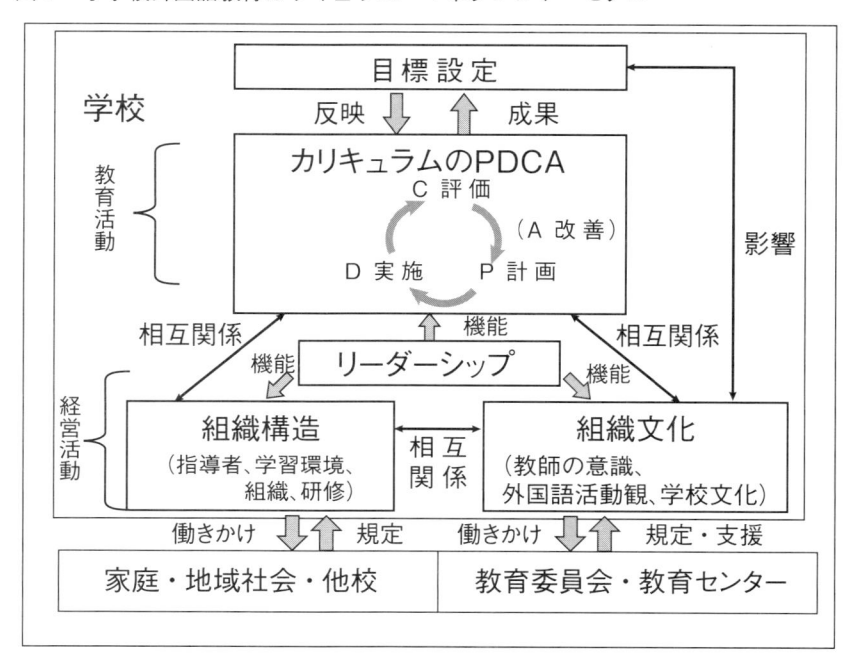

　現在、新教育課程の全面実施に向け、行政主導による条件整備が進んでいるが、その反面、校内体制のなかで小学校外国語教育を継続的に運営していくシステムが整っていないという問題点が浮かびあがっている。教材や指導者などの環境を整え、国や自治体から与えられた固定されたカリキュラムを遂行していくだけでは、目の前の児童にとって生きたカリキュラムではなくなり、いつか児童からそっぽを向かれてしまう。

　図2をご覧いただきたい。これは、教育委員会が小学校外国語教育のカリキュラムを作成し（「教育委員会・教育センター」の支援）、地域の全学校にそのカリキュラムを配布し（「カリキュラム」のPLAN）、ALTを大幅増員して人的支援を拡充（「組織構造」の指導者）している状況である。ところが、恵まれた条件整備が行われているにもかかわらず、現場レベルでは外国語教育が期待どおりには進んでいないという事例をよく耳にする。この事例の最大の問題点は、「組織文化」の要因に問題を抱えていることである。

図2　カリキュラムのPDCA・組織構造等が充実した事例

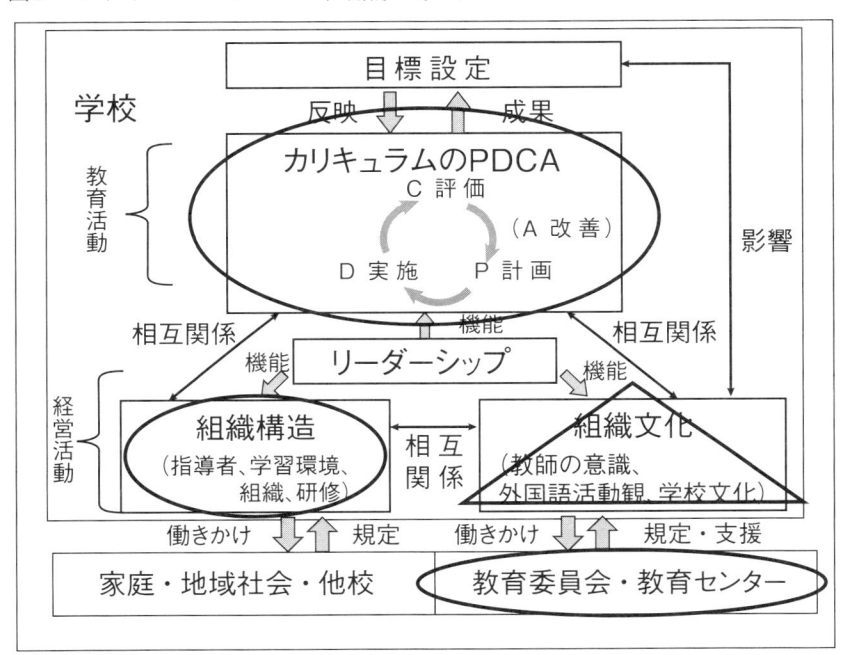

　図1を再度見ていただくと、「カリキュラム」「組織構造」「組織文化」の三つの要因それぞれにおいて相互関係が成り立っていることが分かる。「組織文化」と「カリキュラム」の関係においては、たとえどんなにすばらしいカリキュラムが存在していても、教員の多くが小学校外国語教育に対してネガティブな感情を持っている場合には、それは実施されず否定されてしまう。また、ポジティブな感情があったとしても、ALT主導で授業が実施されていれば学級担任が経験を積むことができず、小学校英語観がいつまでもできあがらないという問題に直面する。つまり、「組織構造」と「組織文化」の関係においても、ALT増員による人的支援の拡充が教師集団全体の意識改革へとつながっていかないのである。

　このように、カリキュラムマネジメント・モデルに具体的な取り組みを当てはめていくことで、期待どおりに進んでいかない原因が、①「組織文化」を充実させるための取り組みが不十分であること、②「カリキュラム」の

PLANや「組織構造」の人的整備のような、それぞれの要因を構成する一部の要素のみに支援の重点が置かれ、偏りがあること、と分析できるのである。多種多様な問題を抱える外国語活動・外国語科の導入・発展においては、カリキュラム・マネジメント・モデルによって、自分たちの取り組みをメタ認知し、それによって対応策を検討していくプロセスは大きな意味を持つはずである。

 処方73　自校の実態を正確に把握する

　では、全面実施の2020年までに、カリキュラム・マネジメントの具体として、何を実施していけばよいのだろうか。

　小学校外国語教育を校内研修で実施する場合、担当者が参加してきた中核教員研修などの行政研修の内容をそのまま実施する場合が多い。外国語活動や外国語科の基本理念や指導内容などの理論的な部分を伝え、その後、行政研修で実施した具体的な活動を体験してもらう研修である。こういった行政が示した研修プランをそのまま実施してもかまわないが、外国語教育だけに十分な研修の時間をかけられない小学校現場の現状を考えると、トップダウンでやみくもに研修を実施するのではなく、その学校にとって最も優先しなければならない規定要因[注]から実施していく必要がある。

　そこで、外国語教育に関する自校の実態を診断的に分析し、プラス要因とマイナス要因を明らかにすることで、校内研修を含めたマネジメントのどこに焦点をあてて取り組んでいけばよいのかを定めることができる。

図3　実態分析拡大シート

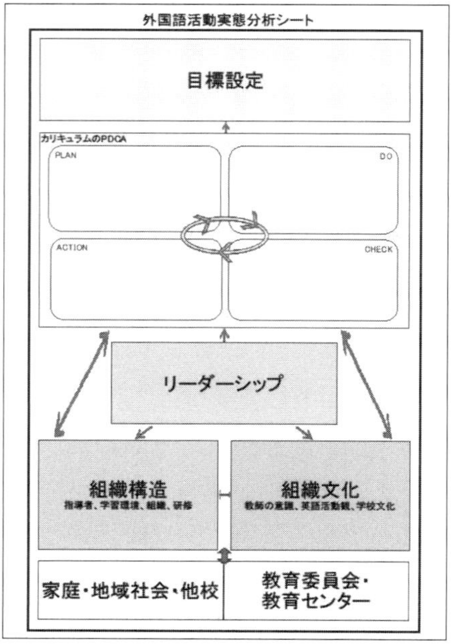

外国語活動実態分析シート

目標設定

カリキュラムのPDCA

PLAN	DO
ACTION	CHECK

リーダーシップ

組織構造
指導者、学習環境、組織、研修

組織文化
教師の意識、英語活動観、学校文化

家庭・地域社会・他校

教育委員会・教育センター

⑴ 研修の進め方

①各自で現状を分析し、付箋紙に書き出す。

②実態分析拡大シート（図３）に記入した付箋紙を貼る。

③どの要因にプラス要因やマイナス要因が多いのかを俯瞰的に分析する。

④学校の課題を明確にし、優先順位や実施期間を考慮しながら今後の計画を
　立案する。

⑵ 外国語教育マネジメント問診票

　十分な研修時間が確保できない場合や外国語教育担当者や研修主任がマネ
ジメントの足掛かりとしたい場合に用いる。詳細については、教育開発研究
所ホームページ「おてがる研修パック」（http://www.kyouiku-kaihatu.
co.jp/class/cat/desc.html?bookid=005323）を参照されたい。

　以下「処方74」〜「処方77」では、規定要因別の具体的な取り組み内容を
紹介するので、処方73で診断後、
いずれかの処方を選択していただ
きたい。

写真1

 処方74　めざすゴール
を明確にする

⑴ 自校の学校教育目標と外国語
　活動・外国語科の目標との関係
　を整理する

　補助教材や年間指導計画が用意
されたことで、全国の学校で全面
実施に向けた準備が始まっている
が、具体的な子どもの姿にまで目
標が下ろされていないために、指
導者によって授業のねらいがずれ
てしまうことは少なくない。

⑵ 目標設定ワークショップの進
　め方

写真2

①外国語教育で望まれる子どもの姿を頭に浮かべて、付箋紙に記入する（写真1）。

②KJ法で付箋紙を貼り、構造化する。

③複数のグループで発表する（低・中・高学年のグループ分けでもよい）。

④構造化された成果物（模造紙）を参考に「めざす子ども像」を最終決定する（写真2）。

(3)　目標設定ワークショップのポイント

　小学校外国語教育を進めていくためには、外国語活動・外国語科の立場だけでなく、言語教育（コミュニケーション能力の育成等）や初等教育の立場から整理する必要がある。外国語活動・外国語科をこれまでの小学校文化にない異質なものとしてではなく、自校の学校教育目標を達成する有益なものとして考えなければはならない。したがって、めざす子ども像が自校の学校教育目標とかけはなれたものにならないようにするために、模造紙の上部に学校教育目標を必ず記入しておく。

 処方75　小学校外国語教育を支える条件を整備する

(1)　「組織構造」の下位要素を共通理解しながら、改善への見通しを立てる

　他の規定要因と比較して「組織構造」は成果が確認しやすいが、それを構成する下位要素が複数存在するため、漏れがないよう共通理解しておきたい。

図4　外国語活動環境改善シート（部分）

外国語活動環境改善シート

複数教員または学校レベル

	指導者(HRT・ALT・JTE)	学習環境(教材・場所・時間・学級)	組織	研修(校内研修・打ち合わせ)
すぐにでも実施可能	ALTの活用　全員 HRT同士のTT　担任が相談　来週から	教材を職員室の一角に置き、共有し合う　外国語活動担当者が決める 廊下掲示板の整備　外国語活動部会　1学期中 英語ノートに関する教材作成　全員　高学年以外は夏期研修で	学年内で授業準備をローーションしていく　学年内で相談	研究授業の実施　研修部　2学期に1回。3学期に1回
今年度中にで	地域人材の協力依頼　教頭　今月中	空き教室を利用した専用ルームの設置　校長他　2学期 時間割に授業を固定する　教務主任　本年度中に来年度の時間割を作成	外国語活動部会の設置　校長他　本年度は研修部対応、来年度実施	

○外国語活動環境改善シート（図４）

●課題に対する改善策を、縦の項目「すぐにでも実施可能」「今年度中に実施可能」「次年度から実施可能」と、横の項目「指導者」「学習環境」「組織」「研修」「学校外」の組み合わせを見ながら満遍なく記入していく。

●個人での取り組みは黒で記入し、複数教員または学校レベルで実施するものは赤で記入する。

(2) 改善のポイント１：組織は個人ではなくチームで組織を編成する

　英語が苦手な教員を組み込み、そうした教員でもこれならできるという指導体制をつくり出す。中核教員を含めた外国語部（外国語教育指導チーム）を組織する。必ずしも英語に堪能な教員がチームのリーダーになる必要はない。英語が得意な教員をALT担当にするなど役割を分担し、英語が苦手な教員ができるだけかかわれる組織を編成する。

(3) 改善のポイント２：地域人材を活用する→「家庭・地域社会・他校」との関連

　基本的には、学級担任が授業構想をし、授業を実施していく。さらに、ALTや英語に堪能な地域人材を有効に活用することで、指導体制を充実させていきたい。まず、行政からどれだけALTが指導に加われるのかを把握する。TTを行ううえで、ALTの人柄も重要な要因となるため、できるだけ情報収集しておきたい。さらに、教育の質を安定して確保するうえで、英語に堪能な地域人材の活用を検討する。日本人の英語講師なら、ALTには伝えられなかった学級担任の想いを伝え、学級担任が中心となった授業づくりを十分にサポートできる。地域に指導可能な人材がどれだけいるのかを把握し、有償の場合には財源をどうするのかも考えなければならない。

(4) 改善のポイント３：単位時間を柔軟にとらえる

　短時間学習を含めた弾力的な時間割編成が求められているが、学級担任のみで授業を行うことが予想されるため、単位時間（45分）にとらわれずに、9分（×５）、10分、15分（×３）、20分、25分など柔軟に対応できるようにし、負担感を減らす。

 処方76　校内研修で組織文化を形成する

(1)　３つの下位要素をバランスよく向上させる

　小学校教育カリキュラム・マネジメントにおいて、「組織文化」は最重要要因として位置づけられており、図１からも分かるように、他のすべての要因とかかわりを持っている唯一の要因でもある。さらに、「組織文化」は「教師の意識」「外国語活動観」「学校文化」の３つの下位要素に分類でき、「組織文化」と他の要因との関係を意識するだけでなく、３つの下位要素のバランスにも配慮していく必要がある。

　たとえば、教師がポジティブな感情を持っていたとしても、外国語活動観が学校でできあがっていなければ、授業をどう進めていったらよいのかわからないだろうし、外国語活動観ができあがっていたとしても、職員集団に協調性がなく個々の教師がばらばらに実践を行ったとしたらカリキュラム改善は進んでいかないのである。

(2)　自校の課題や問題点から研修内容を検討する

　上から降りてきた中核教員研修の内容を校内研修でそのまま行うのでは「やらされている」という意識が教員のなかに生まれる。英語の指導に自信のない教員を含めた話し合いのなかで、自校の課題や問題点をあげ、研修計画をつくっていく。とくにネガティブな意識をもった教師が多くいる場合には、「意識改革ワークショップ」を優先したい（前述「おてがる研修パック」参照）。

(3)　行政のサポートを把握する→「教育委員会・教育センター」との関連

○行政による研修会がいつ、どの程度開催されるのか

○指導主事等の訪問は予定されているのか

○指導主事等の訪問が予定されていないとしたら要請訪問は可能なのか

○教育センターではどんなサポートが受けられるのか

(4)　カリキュラム作成は段階的に行う→「カリキュラム」との関連

　教師集団の省察により、計画立案、研究授業、指導計画の修正を継続的に繰り返すことで、組織文化が形成されていく。

 処方77　保護者に説明する場を設ける

　家庭や地域への働きかけによって、外国語教育への理解や学校の方針につ

いての賛同を得られれば、保護者や地域から協力してもらう機会も増え、教育活動にプラスに働いていくはずである。以下、主に保護者への具体的な働きかけを示す。

(1) 学校が進めようとしている外国語活動・外国語の方針を説明する

外国語の早期化や教科化の根拠を説明しようとするのであれば、外部の有識者に依頼しなければ、保護者の大半を納得させるのはたいへんむずかしい。むしろ、学校は新しい学習指導要領を前提に、それをどのように自校でとらえ、どのように進めていこうとしているのかを説明するのが望ましい。このことは保護者への学校のアカウンタビリティ（説明責任）の意味でも大切である。さらに、保護者への積極的な情報提供によって、小学校外国語教育のねらいを正しく理解してもらうような働きかけは教育効果を高めることにもなる。

(2) 学校便りで外国語活動・外国語の概要を説明する

保護者への説明会を開催する前に学校便りで概要をお知らせする。お知らせする内容は指導体制についての説明も載せる。

(3) 直接保護者に説明する場を設定する

外国語活動・外国語科のためだけに説明会を開催するのは現実的にはむずかしい。PTA総会など多くの保護者が集まる機会を利用して、外国語活動・外国語の方針を説明する時間を少しでも設けたい。

(4) 授業公開と保護者アンケート

○保護者や地域の理解と協力を得るために参観会等で授業公開する。

○保護者に実施するアンケート調査に、外国語教育の項目を設ける。

 処方78　マネジメント評価とマネジメント・マインドを醸成する

(1) 経営活動への評価

カリキュラムをPDCAサイクルでマネジメントしていくことは当然だが、自分たちの教育活動への取り組みがどうであったのかを評価していくことも、実践経験が少ない段階ではたいへん重要である。学校評価のなかで外国語活動・外国語科の取り組みについても評価していきたい。

(2) 児童へのアンケート

教育活動の指針となるのは学習者の姿である。児童アンケートは、教師の取り組みを診断評価するための重要な資料となる。学校評価と絡めて実施したい。

(3)　マネジメント・マインドとボトムアップ型英語教育改革

　従来の英語教育から脱却した新たなコミュニケーション教育が始まろうとしている。英語の専門家ではない小学校教師が、過去に学んだ英語学習法の殻を破り、生き生きとした児童の姿を描きながら、マクロ的視点で自分たちの取り組みをメタ認知するマネジメント・マインドを意識することで、真の英語教育改革が能率的かつ効果的に進められるものと確信している。

〈注〉
　小学校外国語教育カリキュラムマネジメント・モデルの規定要因は「目標設定」「カリキュラム」「組織構造」「組織文化」「リーダーシップ」「家庭・地域社会・他校」「教育委員会・教育センター」の7つ。

〈参考文献〉
　村川雅弘・池田勝久編著『小学校外国語活動パーフェクトガイド』教育開発研究所、2010年。

7 学力向上に繋げる授業研究の見方
12の処方

7章

学力向上に繋げる授業研究の見方12の処方

甲南女子大学教授　**村川　雅弘**
愛知県知多市立東部中学校教諭　**八釼　明美**

　筆者（村川）はワークショップ型研修を推奨し広めてきた。授業研究においても、経験年数や教科専門にかかわらず、教員一人ひとりが参観した授業の各場面や各要素に関して自己の考えを持ち、協議に参加し、自己の考えと他者の考えを比べたり関連づけたりすることを通して、授業改善に寄与するだけでなく、個々の授業力向上につながってきたという手応えを感じている。本章では、授業を観る視点についてまとめてみたい。

　35年以上にわたる学校現場指導や大学院生指導においては、各教科や総合的な学習の時間、ICT教育、カリキュラム開発等々、どのような研究対象であっても常に授業研究を中核に据えてきた。ずっと変わらずに大切にしてきた視点もあるが、今次改訂との関連において意識している視点もある。今回は、後者を中心にまとめる。八釼は主に処方79、81〜84、87、89を担当した。

 処方79　研究授業では、子どもの姿を基に参観する学級を決める

　たとえば参加費を払って研究授業を観るならば、よい授業や参考となる授業に出会いたい。一般的には、その学校の研究を牽引している研究主任や自分と同じ学年を担当する主任格の教師、自分が担当する教科の授業を観ることが多い。それに加えて、授業が始まるまでの数分間、学校を1周することで、参観する学級を決めることもできる。子どもたちを観るのである。

　教育実習に来る大学生に、「今から、校内を1周して、見本となる先輩教師を見つけてこよう」と言う。探してきたら、「どうしてそう思うの」と尋ねる。実習生は「教師の声が大きくて発問の仕方がうまいから」「教師が子どもたちに分かりやすい授業をしていたから」「板書がきれいだから」「切り返し（立ち止まり）がうまいから」などと、教師の指導のあり方に着眼し、参考になったことや感じたことなどを報告してくれる。「よく観てきたね」と評価したうえで、さらにこう付け加える。「教師の指導のあり方も大事だ

けど、子どもを見ればもっとよく分かる」と。教師がどんなにおもしろい授業、手の込んだ授業をしていても、子どもたちにやる気がなく、資質・能力に反映されていないのであれば元も子もないからである。

研究授業を参観する学級を決めるときは、教室に醸し出される学びに向かおうとする子どもたちのエネルギーを感じるようにするとよい。若い教師でも、指導力のある教師は大勢いる。

処方80　教室環境から日常的な姿や手だてを見取る

可能なら教室に少し早めに行く。休み時間の子どもの様子を観る。総合的な学習などで課題意識が高い場合にはチャイムを待たずに子どもたちで活動を開始していたり、教科などでも前の授業の話し合いを続けていたりしている姿を見ると、まさに学びに向かう力が育っていることを実感する。

学習環境も授業を観る重要な要素である。研究授業のために学習の成果物をにわかにつくっている学級よりも、少々見栄えが悪くても、日々の授業や生活の積み重ねが感じられる掲示物の教室に心が引かれる。教師が清書した文字よりも多少不揃いでも子ども自身の文字が残っていることが望ましい。また、それらの成果物を授業中に教師が用いたり、子ども自身が話し合いや発表に自然に活用したりしている姿を見ると「生かされているな」と感じる。

学習の基盤（筆者は「学びのインフラ」〈処方16〉と呼ぶ）に繋がる「声のものさし」や「話し方、聴き方」「話し合いの仕方」などの学習規律や学習技能に関する掲示物にも目を向ける。どの学級にも貼ってあるか、発達段階を踏まえて作成されているか、実際に子どもたちは意識しているか、定着していない場合には教師はそれを活用しているか、を観る。

写真

写真は、主体的・対話的で深い学びがすべての学級で実現されていた中学校の教室にあったものである。学校がめざす学びの姿が生徒一人ひとりに定着していた。

「語り合い」5か条
1 友達の話は最後までしっかりと聴こう。
2 みんなに聞こえる声で、わかるように伝えよう。
3 わからないときは、わかるまで質問しよう。
4 友達の話を受け止めてから、自分の気持ちを伝えよう。
5 違う考えや異なる意見をできるだけ大切にしよう。

処方81　「魅力ある学習課題」が設定されているか

　授業または単元を貫くだけの「魅力ある学習課題」を設定することは、主体的な学びの必須条件である。授業の冒頭で、「魅力ある学習課題」が設定できたかどうかを観たい。

　「魅力ある学習課題」とは、学習課題が子どもたちにとって「自分ごと」となっていることである。学習課題が「自分ごと」になっているとは、「その学習課題が、自分にとってどんな意味があるのかと子ども自身が問い、その価値を認識し、探究したいという実感を伴っていること」と考える。

　たとえば算数で、前時までは繰り上がりがない筆算を学習していたのに対し、本時は繰り上がりがある筆算を学習するとする。子どもたちは、今まで学習してきた筆算の方法では、計算ができないことに気づく。しかし、このとき、子どもたちは「何とか繰り上がりのある筆算を解きたい」と願うはずである。こうした学習者の思いが「自分ごと」と考える。

　すばらしい教師は、「魅力ある学習課題」を設定するために、事象や問題を子どもたちにうまく出会わせている。そして、あたかも子どもたち自身で学習課題をつくったかのように見せかけている。

　その仕掛けについて、國學院大學の田村学氏は「子どもたちにズレを生じさせる」と言う。早稲田大学の藤井千春氏は「子どもたちに分からなくさせる」と言う。今までの学習や経験、考え方と本時はどこが違うのかと問いを仕向け、今までとの違いに気づかせる。子どもたちのなかに、ズレが生じ、分からなくなったところで、それを解決するための学習課題を子どもの言葉で設定する。研究授業の見所の一つは、子どもたちの思考が「あれっ？」と一瞬止まるようなところから、学習課題を設定するところである。

 処方82　授業のスタートから乗り遅れている子はいないか

　愛知淑徳大学の前田勝洋氏は、「全員がバスに乗って出発できるようにすることが大切」と言う。学習課題を把握する段階で、バスに乗り遅れている子どもがいないかどうか、教室を一望したい。すばらしい教師は、授業の冒頭において、バスに乗り遅れている子どもがいないかどうかを確認している。

もしそのような子どもがいた場合は、全員そろった状態でバスを発車できるように、何らかの手立てをうつはずである。

また、授業の冒頭だけでなく、個別活動やグループ活動に入る際にも、子ども一人ひとりが課題や方法について十分に理解しているかは、主体的・対話的で深い学びを実現していくうえで重要である。時折、何をどうしてよいのか、途方に暮れている子どもを見かけることがある。事前の指示が不明瞭だったり、教師の意図とワークシートの問いや形式が合ってなかったりする。

指示が具体的かつ明確か、たとえばペアで確認を行わせているか、ワークシートに学習課題を子ども自ら書き込む箇所があったり作業手順を示したりするなどの工夫があるか、など教師の具体的な手立てを見て取りたい。

 処方83　話し合いの形式が定着しているか

対話的な学びとは、けっして形式面だけを指して言うものではない。しかし、子どもが互いにそっぽを向いていては、対話は成立しない。話し手が聴き手に対して体を向けて話し、聴き手が話し手に体を向けて聴くことは、基本中の基本である。対話には、相手意識が必要である。子どもたちの体の向き等、形式にも着目したい。

本書執筆者のたつの市立新宮小学校の石堂裕氏は、３〜４人のグループを日常的につくり、授業を進めている（図1）。メンバーが常に顔を見合わせることができる環境をつくっておくことで自然発生的に対話が進行する。そうしたグループ編成にも工夫を凝らしているかもしれない。協働とは、コラボレーションである。異なる考えや意見を持つグループだからこそ、力を補い合ったり、互いに革新したりすることができる。

全部の列が内側を向くようにし、互いが全体を見渡せられるようにしている学級も増えてきた。学級全体で対話をするのに向いている（図2）。

話し手が、ついつい教師のほうばかりを見てし

図1

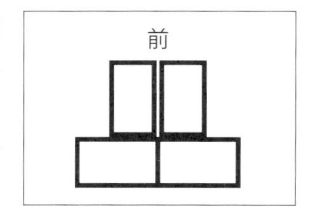

図2

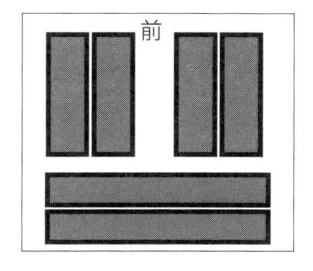

まい、大勢の聴き手を見て話すことがむずかしい場合、私は話し手の正面遠くに立つようにしている。また、聴き手が話し手のほうを向くことがむずかしい場合、私は話し手の後ろに立つようにしている。子どもたちが教師を意識しなくなり、子ども同士の対話が成立してきたら、そっと影を潜めるようにする。教師の立ち位置や振る舞いにも対話を活性化させるための秘密が隠されている場合があるので着目したい。

 ## 処方84　話し合いの質が担保されているか

　授業において対話が始まったら、子どもたちの目線にまで自らの目線を落としてみる。そして、話し手の話の質を吟味するとともに、聴き手の聴き方を観察してみる。

　まず、話し手である。分かったことを正確に語っているかということだけでなく、そこから感じたこと、予想したこと、考えたことなどを豊かに語っているかについても聴き取ろう。なぜなら、新学習指導要領の「育成を目指す資質・能力の三つの柱」における「思考力・判断力・表現力」「学びに向かう力・人間性」からも分かるとおり、育成したい資質・能力は、知的な面だけでなく、情意的な面が大いに含まれるからだ。

　次に聴き手である。聴きっぱなしにしていてはいけない。相手に正対して頷いたり、首を傾げたりしながら聴くことは、「あなたの話を私はきちんと聴いていますよ」という敬意とマナーの表れである。またそれだけでなく、相手が言いたいことを自分の考えと照らし合わせながら聴き、相手が発展できるように質問をしたり、そこから感じたことや考えたこと等を伝えたりしているかを観たい。

　このような話し手と聴き手の相互作用が対話である。対話を通して、グループや学級のみんなが理解を深めようとしているかを観たい。

　一人のスーパースターによって授業が展開されてはいないか、逆にお客様になっている子どもがいないかについても観察したい。

 ## 処方85　机間指導で子どもの理解状況や考えを把握しているか

　個別活動やグループ活動に入れば机間指導を行うのが通常である。かつて

は「机間巡視」と言われたが、最近は「机間指導」と呼ぶことが多い。文字どおり、個やグループが途方に暮れていたり、活動が停滞していたり、横道に逸れていたりしていれば即時的に対応する。

　同時に、個やグループの理解の状況や考えなどを把握し、その後の学級全体の話し合いで生かしたい。子どもたちから積極的な発言が出ないときに促したり、意図的に指名したりするうえで必要である。

　授業参観者にも言える。公開研究会では配慮が必要であるが、校内での授業研究会であるにもかかわらず、同僚教師が教室の後ろに固まっていたり、廊下から観ていたりしていることがある。当然のことながら、個の活動の様子やグループ内でのやりとりの様子を把握することはできない。子どもの活動の妨げにならない範囲で参観者も子どもの活動を深くとらえるようにしたい。個々の子どもがノートやワークシートに取りかかる様子や記述内容、グループの成果物の内容などもチェックしておきたい。

　筆者は、総合的な学習の時間の場合には、近くにいる子どもに頼んで、これまでのワークシートの形式や記述内容、教科であればノートの形式や記述内容を、見せてもらうことがある。そうすることで、これまでの学習との繋がりが見えてくる。「深い学び」には「身につけた知識や技能、見方・考え方を意識して活用すること」と考えている。この点を授業研究の視点の一つに加えていくならば、ノートやワークシートの記述も分析対象としたい。

処方86　板書が構造的で授業の流れが明確に示されているか

　筆者は授業公開研究会などで助言者を担当したときには1単位時間で十数の教室を見て回ることもある。授業の途中で飛び込んでも、他の教室を回ってしばらくしてから戻ってきても、「めあての確認」「自力解決」「まとめ」「振り返り」などの授業の展開を示すカードが貼ってあると、たいへん助かる。ずっと教室にいる子どもたちにも同様だろう。授業のなかでユニバーサルデザインがどのように意識され具体的な手がうたれているかを確認したい。

　同様に、構造的な板書は授業の流れや発言の関連をとらえるうえで重要である。始めにどのような課題を立てたのか、それに対してどのような意見が出たのか、どのように意見が対立しているのか、どの子のどの発言によって

展開が大きく変わったのか、などが一目瞭然である。

　本書執筆者の石堂裕氏は授業の導入でめあてのルーブリックを子どもとつくり板書している。子どもがどれだけそれを意識しているかを常に確認できる。参観者だけでなく、子ども自身にとっても同様である。

　板書に子どもの名札を貼ることも小学校では一般的である。すべての子どもに発言の機会を保障するうえで有効である。また、「先ほど、○○さんが□□と言いましたが、私はその考えに△△のところが少し近いかなと思います」というような発言の仕方が定着する。お互いが発言した児童の名前を入れて話を繋げていくことは、受容的な関係をつくるうえで有効である。

処方87　各教科等の見方・考え方を働かせているか

　深い学びを成立させるためには、「各教科等の見方・考え方」が大きく作用する。これからは「各教科等の見方・考え方」が働いているかという視点をもって授業を参観していくことが求められる。

　「各教科等の見方・考え方」とは、「様々な事象等を捉える各教科等ならではの視点や、各教科等ならではの思考の枠組み」と述べられている。たとえば、小学校社会科の「見方・考え方」は、「社会的事象を、<u>位置や空間的な広がり</u>、<u>時期や時間の経過</u>、<u>事象や人々の相互関係</u>に着目して捉え、比較・分類したり、総合したり、地域の人々や国民生活と関連付けたりすること」(下線筆者) とある。

　愛知県東浦町の「ぶどうづくり」を例にする。「ぶどうづくり」を植物の生長としてとらえるならば理科となるが、社会科では「ぶどうづくりがさかんなわけや現在の物流の様子を地図や地形図、写真などからとらえる」「ぶどうづくりの工夫を生産という視点で1年間あるいはこれまでの歴史のなかでとらえる」「ぶどうづくりが町に与える影響を雇用や消費等からとらえる」等となる。

　すなわち、教師や子どもが「各教科等の視点」を学習に生かそうとしているかを見取りたい。そのイメージが沸きにくい場合は、「各教科等の見方・考え方」を事前に学習指導要領で確認し、その具体を掴んでおくとよい。

処方88　教科横断的な学びをしているか

　カリマネの3側面の一つ目が「教科横断的な視点で教育課程を編成する」であるが、1単位時間のなかでも教科横断的な学びは可能である。むしろ、1時間1時間の授業のなかで実現することに意義がある。

　授業を参観していると他の教科等で学習した内容と関連づけた発言に出会うことがある。それは以前からごくまれではあるが見られたことである。それを教師が気づかずに見逃してしまったときには「もったいない！」と思わず発したくなる。最近では関連づけての発言の機会がずいぶんと増えてきた。とくに、総合的な学習の時間に熱心な学校ほど見られる。

　処方17でも述べたが、教師が日常的に意識して指導に臨むためには、これまで行ってきたような「総合的な学習の時間と各教科との関連」ワークショップは有効である。しかし今後は、教科と教科の関連をより意識していくことが求められる。

 処方89　振り返りの質が担保されているか

　最近、授業や単元の終末において、言葉や文字による「振り返り」が行われるようになってきた。しかし、「楽しかった」「よく分かった」と、「一言感想」で終わる「振り返り」も少なくない。

　「振り返り」は「学んできたことに対して実感を伴ってその価値を再確認するとともに、一連の学びが自己にとってどんな意味があったのかを確認する営み」と考える。すなわち「学習課題」に対する「振り返り」ととらえたい。

　授業の終末に、「学習課題」に対する「振り返り」をさせているか、その声掛けの仕方や振り返りシート（ワークシート）の形式を確認するとよい。

　その声掛けの仕方や振り返りシート（ワークシート）の形式として必要な視点が二つある。

　一つ目は、「育成を目指す資質・能力の三つの柱」が意識されているかどうかという点である。「生きて働く知識・技能」「思考力・判断力・思考力」「学びに向かう力・人間性」の内容が、子どもたちの発言や記述に表れるようにしているかを見るのである。

日頃から、これらが意識されていれば、子どもたちは自然とそれらについての振り返りをする。しかし、それがむずかしい場合は、「授業で分かったことやできるようになったこと（生きて働く知識・技能）、友だちと学習をして自分が考えたり発表したりしたこと（思考力・判断力・思考力）、この授業を通してこの後やりたいなと思ったことや感じたこと（学びに向かう力・人間性）を発表してみよう」と、敢えてその視点をかみ砕いて子どもたちに示すことも必要である。振り返りシート（ワークシート）の形式も同様である。

二つ目は、学びに対する満足感と自己の成長に関する自覚を促そうとしているかどうかという点である。学びと自己の「伸び」を自覚させることで、学び続けることの意味を理解し、自己が好きになる。「振り返り」は、キャリア形成に欠かせない営みである。

 ## 処方90　子ども一人ひとりの成長や変容をとらえる

ともすれば教師の指導や学級全体の子どもの様子に目を奪われて個が見えなくなる場合がある。1時間のなかでも子ども一人ひとりに変容がある。知識・理解や技能において大きく成長することがある。そのきっかけやプロセスを分析することは授業研究においてきわめて重要である。

校内研修で日頃の子どもの様子が分かっている場合や気になる子どもがいる場合には個をとらえたり、抽出児童・生徒の担当を決めて、一人ひとりの学びの様子をとらえたりすることも行いたい。筆者のように助言者として飛び込みで授業参観を行う場合、その学校の先生方からのきめの細かい参観記録や報告はたいへん参考になる。

教師と子どものやり取りを記録したプロトコールや様子を写した写真も研究協議の際に有効に活用したい。見落としていた重要な情報を見つけられることがある。

【付録】

図3のチェックリスト「ALある評価シート」（注：文言の一部を筆者が加筆修正した）は、平成28年度の鳴門教育大学教職大学院生の徳広道子氏が日々の授業のアクティブ・ラーニング化をめざし開発したものである。同様の内

容で「設計シート」「確認シート」もある。このシートは授業後に授業者自ら評価したり、他の教師が授業評価を行ったりするためのものである。関連書籍や先進校視察を踏まえて作成されているので、「主体的・対話的で深い学び」を実現するための授業づくりのポイントが網羅されている。ぜひ活用していただきたい。

図3

ALみる評価シート

月 日（ ）校時

授業展開（場面）	AL（アクティブ・ラーニング）型授業の視点	チェック	メモ
前時の振り返り	①ノートや掲示物（模造紙や作品）をもとに教師主導／児童（生徒）同士で振り返る場面の設定がある		
学習課題（めあて）の提示	②本時のねらいの実現に向けたものとなっている		
	③学習課題は児童（生徒）にとってわかりやすく、取り組みたいと思えるものである		
問いの共有	④問いの共有（求められていること、わからないこと（とは？）を行っている		
	⑤学習活動の流れを確認し、評価規準を教師が示している／児童（生徒）と決めている		
自力解決	⑥思考できる十分な時間を設定している		
	⑦児童（生徒）一人一人の進度や思考内容を確認している（例：座席シートやホワイトボードを持って）		
	⑧自力解決が進んでいない児童（生徒）に何で困っているのかを把握し、支援を行っている		
	⑨自力解決の支援を行う児童（生徒）に対して、考えを説明できたり、新たな考えが書けるように支援をする		
ペアやグループ・全体解決	⑩課題解決のための活動（例：考えを一つにまとめる、友達の考えをまとめる、自分の考えに新しい考えが加わる、共通点や相違点をまとめる、お互いの成果物にアドバイスを合い良いものにしていく）を取り入れている		
	⑪課題達成に向けて進める児童（生徒）同士の関わり合いの支援を行っている		
	⑫活動内容（例：ディベートや全体共有等）に適した全員が見渡せる机配置（コの字型等）を行っている		
	⑬児童（生徒）同士の話し合いができる場を設定し、脱線した時は支援を行っている		
	⑭児童（生徒）間の話し合いがつながるように指名各の順番を工夫している（少数派から、反対派から、あまり意見が言えない児童（生徒）から等）		
まとめ	⑮児童（生徒）が発言した言葉を使用し、構造化した板書を作成している		
	⑯児童（生徒）が発言した言葉を使用している		
	⑰ノートをまとめるための時間を適切に設定している（低学年：板書を丁寧に写す、中学年：板書＋自分の考えを吹き出しや矢印でまとめる、高学年：板書を写さず自分自身で本時の学びを構造化してまとめる、など）		
振り返り	⑱本時の学習のめあてを達成することができたか、友達の考えから学んだこと、新たにやってみたいこと等が書けるように支援を行っている		
	⑲次時の学習活動への意欲づけを行っている（本時の頑張りを褒める、次時の学習活動を知らせる、など）		

8 事例に学ぶカリマネ成功10の処方

道徳を中心にさまざまな教育活動全体を
デザインするカリマネ

東京都新宿区立西新宿小学校長　**清水　仁**

1．カリキュラム・マネジメントによる学校改革

　私とカリキュラム・マネジメント（以下カリマネ）との出会いは、平成21年東村山市立大岱小学校で西留安雄校長のもと、東京都教育委員会、文部科学省の研究指定校として、学力向上のためにさまざまな学校改革、授業改善の方策を考案し、実践していたときである。村川雅弘先生が研究発表校の講師としてご来校され、カリマネの視点から、学校経営を評価していただき、カリマネと出会った。その後、田村知子先生に、カリマネの意義とその可能性、カリマネモデルについてご教示いただき、管理職として学校改革、学力向上をめざす際に欠かせないアイテムであると確信した。

⑴　校長のリーダーシップ

　現在、勤務している新宿区立西新宿小学校は、新宿駅西口から都庁をはじめとする高層ビル群と、昔ながらの住宅街が混在する地域にあり、新しさのなかに古きよき伝統や文化、人情が残るという特色ある地区に位置している。

　赴任した当時は、生活指導、学力に少なからず課題があり、学校経営は苦戦することが多かった。また、児童の意識調査では、「学校に行くことが楽しいと思う」という項目に対して肯定的な回答はおよそ3分の2で、3分の1以上の児童が、学校に行くことが楽しいと思っていない状況があった。

　これらの課題を改善し、「毎日、学校に行くことが楽しみで、楽しみで仕方ない」を実現するために、カリマネによる学校改

図1

革を学校経営方針に位置づけ、新年度当初、全教職員、保護者、地域向けに校長が説明をし、理解と協力を図った。また、学校の取り組みを図1のように分かりやすいキャッチフレーズにし、学校内外に周知を図った。その際に、配布した資料が図2の学校経営計画概要である。

図2

平成28年度　地域協働学校　西新宿小学校経営計画概要
目指す学校像

毎日、学校に行くのが楽しみで、楽しみで仕方がない学校
・子供たちが夢と希望を抱く学校
・カリキュラム・マネジメントによる教職員の創意・工夫・協働で、感動のある学校
・地域とともに歩み、地域の誇りとなる学校

西新宿小学校の教育目標　◎重点目標

進んで考える子	◎思いやりのある子	心と体をきたえる子

分かる授業	**豊かな心と人間関係**	**健康な心と体**
・問題解決的な学習スタイルの定着（学習の仕方を教えて考えさせる） ・各種学力調査の分析による学力向上のための重点プラン作成とその実施（PDCA） ・第1学年スタートカリキュラムの実施 ・基礎的・基本的な知識と技能の習得（東京ベーシックドリルの活用と習熟の時間設定） ・全学年で少人数指導、TTによる個に応じた指導を実施 ・水曜日放課後補習の実施 ・ICTの有効的な活用 ・開校20周年に向けて、地域教育力を取り入れた体験的な学習	・新しい教科　道徳の時間を核とした道徳教育の推進 ・西新宿小スタイル10の徹底による規範意識の醸成 　今年度も、挨拶や礼儀、正しい言葉づかいを徹底 ・自主、実践、協働による特別活動の充実 ・幼児や高齢者、新宿養護学校との交流、人権の花、メッセージ等による人権尊重教育の推進 ・朝読書等読書活動、音楽、図画工作等情操教育の充実 ・感謝の気持ちを育む集会、ふれあい給食の実施 ・いじめをしない、させない、許さないの徹底 ・学級集団アセスメントの活用 ・地域清掃ボランティアや地域行事への参加	・オリンピック・パラリンピック教育推進校　コオーディネーショントレーニングを取り入れた心と体をつなげる体育授業 ・スポーツギネス新宿への取組み ・年間指導計画に基づく保健衛生習慣の指導と確立 　（特に齲歯の予防と治療） ・まなびの教室、巡回相談、スクールカウンセラー等による子供の心に寄り添った指導 ・PTA「早寝、早起き、朝ご飯」早朝校庭開放の実施により、遅刻0を目指す ・食育の推進 　給食残菜率1桁を目指す 　「野菜を食べよう」

平成28年度キーワード　　前向きに生きる

保護者の皆様に協力していただきたいこと
○挨拶や礼儀、正しい言葉づかいのご指導をお願いします。
○「早寝、早起き、朝ご飯」規則正しい生活と、自立への支援をお願いします。
○家庭学習にしっかり取り組めるよう環境づくりをお願いします。
○「人に迷惑をかけない」公共の場でのマナーについてご指導をお願いします。

(2) 常に改善を図るカリマネ文化 図3
を築く

カリマネの特徴にPDCAマネジメントサイクルによる改善（図3）がある。本校では学校評価に加え、「直後プラン」という短期評価を行っている。これは、運動会等の学校行事が終了した日に、全教職員による課題の抽出とその改善策立案を実施するものである。これにより、校務改善を図るとともに、教員の学校運営参画意識を向上させ、「常に改善を図る」カリマネ文化のある学校となってきた。

(3) 教科等横断的な指導を行う

図4

カリマネのもう一つの特徴に関連づけがある。学校行事や特別活動、他教科との横断的な指導計画を作成し、実践することで深い学びをめざしている。本校では、年度末に各学年の担任と専科教員が教科等の年間指導計画を見直す研修を行っている。関連する単元や活動を線で結び、場合によっては単元の入れ替えを行い、効率的で価値のあるカリキュラムをつくるようにしている（図4・5）。

図5

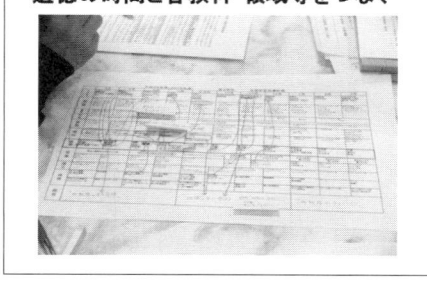

(4) 地域や関係諸機関との連携を
図る

カリマネの特徴の三つめは地域や関係諸機関の外部教育力を取り入れるこ

とである。生活科や総合的な学習の時間に代表される体験的な活動と言語活動を結びつけた学びは、主体的・対話的で深い学びとなりやすい。本校では、スクールコーディネーターや関係諸機関にご協力いただき、さまざまな学習で地域教育力を取り入れている。

2．「特別の教科　道徳」におけるカリキュラム・マネジメント

(1)　「特別の教科　道徳」カリマネモデル

　私は、学校運営に苦戦するなか、新宿区教育委員会教育課題研究校の指定を受け、「特別の教科　道徳」を研究、実践することにより、本校の課題を改善し、教育目標の具現化を図ることにした。カリマネを推進していくために必要な要素は、図6のとおりである。これらが、お互いに関連、影響しあい適切に運営されることで学校改革は組織的に進んでいく。これを、本校の実態から作成したものが図7のカリマネモデルである。カリマネモデルは、複雑な教育活動を整理することで落ちや重複をなくし、教育目標の具現化を

図6

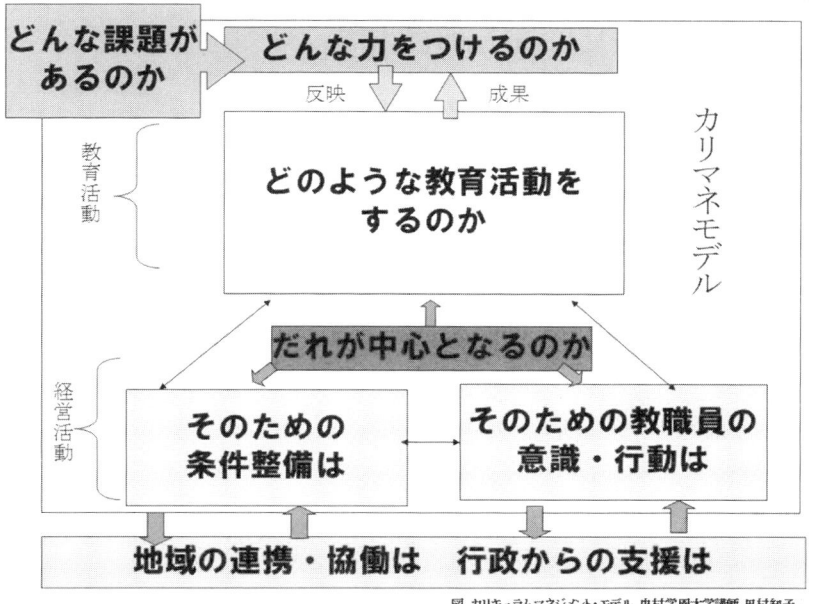

図　カリキュラムマネジメント・モデル　中村学園大学講師　田村知子

図7

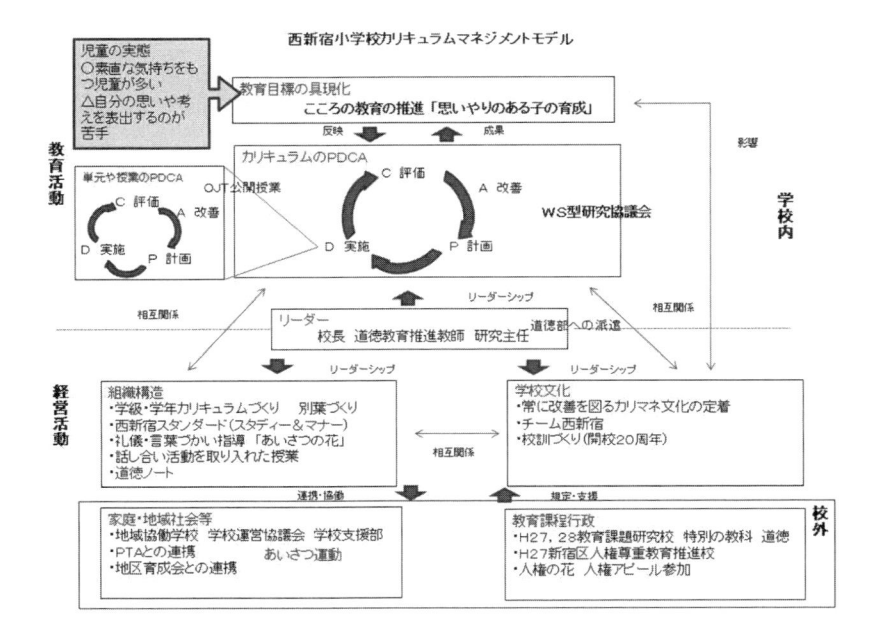

めざす際のいわばナビゲーションのようなものである。カリマネモデルを作成することにより、研究の見通しが持ちやすくなる。また、他教科等の関連（別葉）、地域や保護者、関係諸機関との連携が明確になるため、教材研究の際の視点が明確になり、授業改善に役立っている。

(2) 「特別の教科　道徳」授業改善の手立て

①授業改善の手立てとして

　自分で考える時間、グループや学級全体で語り合う時間、自己を振り返る時間を設定した学習過程「西新宿小学校スタイル」（図8）を作成し、全校で取り組むこととした。これにより、学校全体で「考える道徳」「議論する道徳」への転換が行われた。これを継続して行うことにより、自分の考えを書いたり、話したりすること、グループや学級全体で話し合うこと、自己を振り返り次への課題を持つことができるようになり、他教科等にも転移が見られるようになった。

図8

「特別の教科　道徳　西新宿小学校スタイル」

学習過程		学習活動
導入 5分	1	5分程度で本時における内容についての方向性を示す
	2	学年、資料の量と質によっては、予習も可
展開 前段 20分	1	児童の発言は、教師もうなずきながら聴く姿勢を示す
	2	発問の板書は、児童の発言をまとめて書く 　（忘れそうな場合は、カードにマジックで記入し、貼ってもよい） 出てきた考えは、 ・似ているものをまとめて書く　種類分け ・対立するものは、分けて書く 考えをくくる言葉を子どもに考えさせる 例：どちらにしたらよいか迷っている 　　もやもやした気持ち　すっきりした気持ち
	3	主発問では、ペアやグループ学習を行い、多様な考え方に気付かせる その後、全体で ・どうしてそう思ったか　自分の経験から考えさせる ・自分ならどうすると思うか
	4	内容を確認する 例：時には相手のことを考えて温かく見守ることも親切だね。
展開 後段 15分	1	確認した内容をもとに、自分自身を振り返る 道徳ノートに書く 書けない児童もいるので、書き方は指導しておく ・今もやっているから、これからも続けたい ・時々できないことがあるので、少しでもできるようにしていきたい ・〜さんの考えを聞いて、そのような考えもいいなと思った。ぜひ、挑戦してみ 　たい
	2	グループや全体で考えを交流する
終末 5分	1	児童の変容を評価する
	2	日常の観察から発見した児童のよさを紹介する
	3	余韻を残す

②考えを深め、自分の生き方を振り返るために

　本校オリジナルの道徳ノートに自分の考えや友だちの考え、振り返り等を書き込めるようにした（図9）。これは、低学年ではマス目のノート、中・高学年では、連絡帳を使用している。表紙には「よりよく生きる自分」等の

タイトルやイラストを描き、自分の生き方への考えを書き溜めるようにした。

　授業前に予習として考えたことや、保護者からの助言、授業後の書き込みも自由に行うことができるようにしている。また、学期末に長いスパンで自分を振り返ることができる時間を設

図9

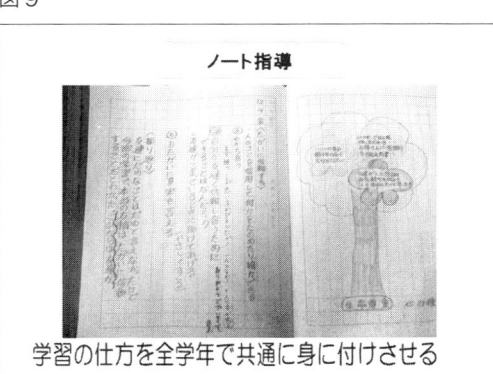

ノート指導

学習の仕方を全学年で共通に身に付けさせる

定することで、成長を実感することができる。さらに、使い終わったノートは製本テープで合冊とし、2年間の自分の成長を振り返ることができるようにした。これは、教科となった道徳の評価のよい資料となるとともに、児童の自己肯定感を高めることにつながっている。

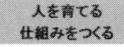

図10

平等に意見や知恵を出し合う
ワークショップ型校内研修が有効

(3) 「特別の教科　道徳」の授業改善PDCAマネジメントサイクル

　「特別の教科　道徳」では、「考える道徳」「議論する道徳」への転換が求められている。そこで、本校では研究授業後の研究協議会は、ワークショップ形式でまさに全教員が「考え、議論」し、授業改善を図る方策を考え、次の時間の指導に生かすようにした（図10）。

　たとえば、高学年の場合、教材が長文になるため、45分間で授業が終了しないことが続いた。協議会では、自由闊達な意見交換から、

○ 事前に家庭学習で教材を読ませてはどうか

○ 重点項目であれば2時間扱いとし、展開前段までを1時間目に行い、1週間自己を振り返った後、展開後段を2時間目に行ってはどうか

という改善策が出され、その後の指導に生かされた。

3．学びに向かう力の育成が学力向上につながる

　カリマネによる学校改革を決意した際、私は次の仮説を立てた。それは、規範意識や思いやり、新しいことに挑戦する、努力と工夫で粘り強く取り組むという「まずこころを育てる」ことが、「知」「徳」「体」を育てるというものである（図11）。

　さらに、こころを育てるためには、道徳を中心にさまざまな教育活動を関

連させて、相互に影響し合うように、教育活動全体をデザインしていくことが必要であるということである。

そこで、音楽や図画工作、読書活動などの情操教育、「コーディネーショントレーニング」を取り入れた体育学習、地域とのふれあい活動、特別活動を「特別の教科　道徳」の研究と並行して充実していった（図12）。

すると、児童会の自発的、自治的な活動が活発となり、学校が活気づいてきた。諸行事では、児童のひたむきな姿に多くの保護者や地域の方々から賞賛のお言葉を頂戴するようになった。また、絵画や読書感想文等の各種コンクールの受賞者が増え、児童は自信をもって学校生活を送る姿が見られるようになり、冒頭に書いた「学校に行くことが楽しいと思う」という項目に対して肯定的な回答はおよそ9割近くになった。区が行う学力到達度調査では、確実に前年度よりも平均点は向上している。カリマネによる学校改革は、ほぼ目標を達することができた。何よりもうれしいことは、「よりよい自分」「よりよい学校」をめざすカリマネ文化が教職員や児童にも校風として醸成されていることである。

図11

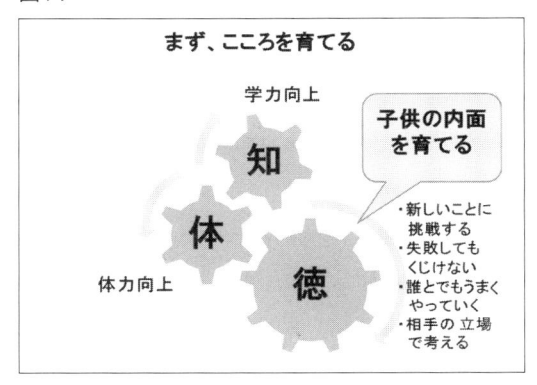

図12

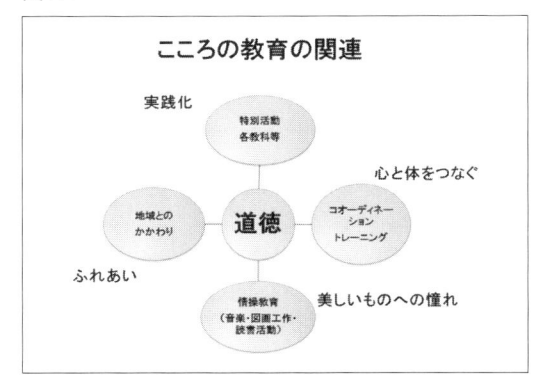

地域や保護者と連携した安全防災教育で 実践する主体的・対話的で深い学び

神奈川県横浜市立北綱島小学校長　**昆　しのぶ**

　本校は横浜市港北区にあり、児童数は654人の中規模校である。学区は住宅が密集しているため、大規模地震が発生すると倒壊や火事による延焼が起こりやすく、被害が大きくなる可能性がきわめて高い。また、核家族が多くいざというときに大人が家におらず、児童が災害時に自力解決しなければならない状況も多く起こることが想定される。

　東日本大震災後、本校では安全や防災に対する意識が高まった。その後も熊本地震や鳥取県中部地震などの大地震、大型台風や局地的な大雨などの自然災害によって、日本各地で甚大な被害があった。近年、安全・防災にかかわる教育の充実は本校のみならず教育現場では喫緊の課題となっている。

　しかし、「やるべき学習内容が増えるなか、安全や防災教育に割く時間がない」「自然災害はいつ来るか分からないので、児童の問題意識を持続させるのがむずかしい」などの声を聞く。安全防災教育は新学習指導要領で求められている「生きて働く知識・技能の習得」「未知の状況にも対応できる思考力・判断力・表現力等の育成」「学びを人生や社会に生かそうとする学びに向かう力・人間性の涵養」を進めていくために、どこの学校でも取り組める有効な学習材が豊富にある。また、地域の人たちと深くかかわりながら取り組めるものであるため、地域の教育力向上や学校のコミュニティセンターとしての役割も充実させていくことができる。

　本校では安全防災教育を中心としたカリキュラム・マネジメントによって教科等を横断的に繋げていき、授業を「主体的・対話的で深い学び」にしていくことで、新学習指導要領で求められている力を身につけさせたいと考えている。

1. 研究内容

(1)　安全防災教育で育てたい資質・能力とめざす子どもの姿

　本校では安全防災教育のカリキュラムを「きたつな安全防災プラン」とし
次のように定義づけている。

> 【きたつな安全防災プラン】
> 　「きたつな安全防災プラン」とは、「いつでも、どこでも、何があって
> も」自分の命や他者の命を大切にし、学校で、家庭で、地域で生き抜く
> 力を育てるために【目的】、子どもが主体的・協働的に、人や事象、地
> 域とかかわり、問題を見つけ探究することを通して【手段】、安全や防
> 災に関する知識や技能を身に付け、自助・共助の心情や態度を養う【資
> 質・能力】ためのカリキュラムである。

　「きたつな安全防災プラン」を具体的に実践していくためには、育てたい
資質・能力とめざす子どもの姿とを明確にしていくことが重要である。そこ
で本プランには、本校が安全防災教育で育成したい資質・能力を三つの観点
から設定し、位置づけている。そして、何を育てるための教育活動なのか常
に意識しながら、日々の実践が深まるよう、めざす子どもの姿も明確にして
研究を進めている。

> 【育成する資質・能力の三つの観点】
> ○安全な生活を送るための基礎的・基本的な知識・技能
> ○安全確保のための的確な思考・判断・表現力
> ○安全で安心な社会づくりに参加し貢献する情意や態度

> 【めざす子どもの姿】
> ○個別支援学級：災害時の身の守り方がわかり、身近な大人と一緒に安
> 　全な行動ができる子ども
> ○低学年：災害時の身の守り方がわかり、指示を聞いて安全確保行動が
> 　できる子ども
> ○中学年：災害の危険を理解し、正しい知識と行動で自分を守ることが
> 　できる子ども
> ○高学年：日常的な備えや災害の危険を正しく理解し、自分の安全だけ
> 　でなく、他の人々の安全にも気配りができる子ども

図1　系統性をもたせた地域とのかかわり

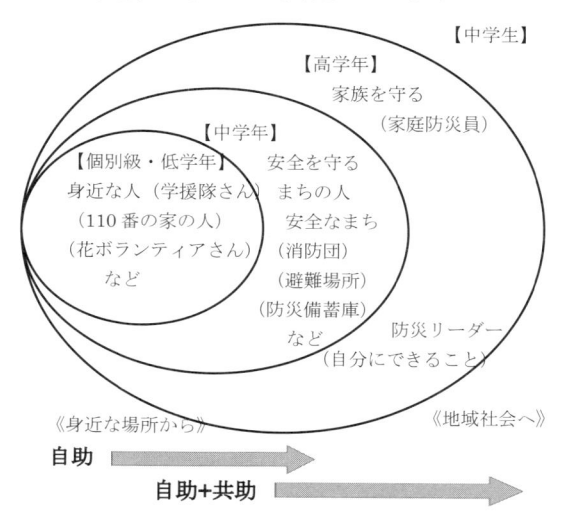

【中学生】

【高学年】
家族を守る
（家庭防災員）

【中学年】
安全を守る
まちの人
安全なまち
（消防団）
（避難場所）
（防災備蓄庫）
など

【個別級・低学年】
身近な人（学援隊さん）
（110番の家の人）
（花ボランティアさん）
など

防災リーダー
（自分にできること）

《身近な場所から》　　　　　《地域社会へ》

自助

自助+共助

(2)　安全防災教育のカリキュラム・マネジメント

　「きたつな安全防災プラン」を通して、本校のめざす資質・能力を身につけた児童は、この先、地域の安全・防災の担い手となっていく。小学校卒業後も生き抜く力を主体的に伸ばしていくためには、地域の人や地域そのものが大切なものとして児童の心に強く残っていなければならない。

　そのため、各学年の学習内容に系統性をもたせ、地域の学習材を生かし地域の人と深くかかわれるものにしている（図1）。そして、学校・家庭・地域が三位一体となり、お互いの顔が見える関係を築きながら資質・能力が高まるように指導内容の配列を考えている。これらの指導内容を中心に、各訓練を単なる訓練で終わらせず、豊かな体験として日々の授業に生かしていくことができるよう、各種防災訓練と教科等を関連させたり、総合的な学習の時間を核とした「横浜の時間」に位置づけたりして横断的に実践できるよう、各学年の年間指導計画や単元計画を考え、カリキュラム・マネジメントしている。

　地域の方の顔と名前がわかる深いかかわりのなかで、児童は安心感や地域への愛着心をもち、学年が上がるにつれて、「自助」のみならず、「共助」の気持ちも高まり、自分のもてる力を社会に生かそうとする意欲や態度が育っ

図2

【PLAN：年度初めのカリキュラムづくり】

【DO】

【CHECK】

【ACTION】

【PLAN：年度末のカリキュラム見直し】

ていく。

　本校の児童は1・2年生で安全を見守ってくださる地域の方を中心に学ぶ。3・4年生では地域のなかで安全や防災が誰の手でどのように進められているかを学び、徐々に自分たちが地域のために何ができるか考えるようになっていく。そして、5・6年生では各家庭や地域の方と共に行動する機会も増え、自分のことだけでなく、周りの人の命も守れる防災リーダーになりたいという思いをもつようになる。このようにして、自助から共助へと意識を高めていくカリキュラムにしている。

　また、安全防災に関する知識や技能も入学時から卒業時まで系統的に積み上げていくため、卒業時には基本的な内容を身につけている。

(3) PDCAサイクルによるカリキュラム・マネジメント

　カリキュラムを見直し、日々の授業改善を進めるために、児童にどう育ってほしいのか、そのためのカリキュラムをどう見直せばよいのかなど、テーマを設けてワークショップ型の研修を重ねている。

　年度初めのカリキュラム・マネジメント研修会では、前年度の足跡プランと「学年別年間指導計画」「生活単元学習計画」(個別支援学級)「生活科」(1・2年)「総合的な学習の時間」を核とした「横浜の時間」(3〜6年)を見直し、年間の見通しを立てる。その後は、実践するごとに振り返り、カリキ

ュラムに記録を残していく。そして、年度末には、学年内で1年間を振り返り、足跡プランとして記録に残す。安全教育推進委員会では全学年を縦で見て、内容等が系統的に効果的に配置されているかを検討し、見直し案をつくる。そして、各学年の足跡プランと見直し案を共に新年度に引き継ぎ、年度初めのカリキュラムづくりに生かしている（図2）。

入学してから卒業するまでの6年間にどんな学習経験をして、どんな力を身につけさせたいのか、継続的に見ることで、各学年で学んでいく内容も精選され、他の教科等とも関連づけながら学習していくことができる。このようにして、児童の実態にあった安全防災教育の充実を図っている。

(4) 「きたつな安全防災プラン」に基づく「主体的・対話的で深い学び」

本校では、年間を通じて「きたつな安全防災プラン」に基づく多様な学習活動を意図的・計画的に行っている。全校で一斉に行うものや、各学年、各学級で取り組むものなどさまざまあるが、児童はめあてをもって活動し、活動後には振り返りをして、児童の問題意識や思いが次の活動に繋がっていくようにしている。

①学習活動Ⅰ（全校児童で豊かな体験活動）

学校が家庭や地域と連携して行う安全防災訓練として、6月に学校総合防災訓練、10月に地域防災拠点訓練に取り組んでいる。

○A：安全防災授業参観および学校総合防災訓練・引き取り訓練（保護者参加型で実施）

【安全防災の知識・技能に関する授業】 個別：「こんなときどうする」 1年：「場所に応じて自分の身を守る」 2年：「大きな地震が起こると」 3年：「地震の大きさの表し方を知ろう」 4年：「地震による生活への影響は」 5年：「地震がおこる仕組みを理解しよう」 6年：「災害を知ろう、過去から学ぼう」

▼3年生：おうちの人に地震の体験談を聞いたり、お互いの地震に対する考えを交流したりして、学びを深める

【5年生：豊かな体験を通して】
① 訓練前にインタビューしたいことを話し合う。

② 訓練時に大人にインタビューする。〈避難するとき、何リットルの水をリュックに入れますか。〉

③ 訓練後に、インタビューの情報を出し合い、表にまとめて整理・分析する。予想と違うことが次の問題になっていく。

④ その後の授業で、実際に持ち出す水をリュックに入れて持ってみる。適した水の量を再度みんなで話し合う。

　6月の土曜参観日は、学校総合防災訓練・引き取り訓練の前の1時間を全学級で安全防災授業にしている。この授業では、安全防災教育に必要な知識・技能を高めるために、指導内容に個別支援学級および1年から6年まで系統性をもたせ、学年内で同じ資料を使っている。そして、児童だけでなく、保護者も参加者として共に学ぶという目的をもたせており、「主体的・対話的で深い学び」を児童間だけでなく保護者とも行えるように工夫をしている。そして、卒業時には6年間の積み重ねで、児童・保護者共に安全防災に対する力が高められることをめざしている。

○B：地域防災拠点訓練（全校児童と保護者が参加）

　本校では、10月下旬の日曜日に行われる地域防災拠点訓練日を課業日にして、全校児童が参加するようにしている。そして、保護者にも参加を促している。この訓練は、学校・家庭・地域が連携した防災訓練であり、参加者全員が一緒に学べる実践的な訓練である。

　児童は2・3時間目の訓練時に防災に関するさまざまな体験をすると共に、自分たちの探究している問題を解決するために、自分たちの調べたことを下級生に伝えたり、参加している人にインタビューをしたりしている。訓練終了後の4時間目には、訓練や自主活動を振り返り、感じたことや気づいたことを基に、そこで生まれた新たな疑問や問題を次の学習に生かしていく。地

域防災拠点訓練を豊かな体験とし
てカリキュラムに位置づけたこと
で、次の授業も「主体的・対話的
で深い学び」になっている。

　このような訓練以外に、月に1
回ほど、全校で15分から30分程度
の避難訓練を行っている。下校時
や登校時、清掃時間、休み時間と
いった時間帯の異なるもの、放送
機器が使えなくなった状況下での
訓練など、いろいろな場面を想定
して訓練内容に変化をもたせてい
る。各訓練は短時間とはいえ、一
人ひとりがめあてをもって臨み、
その時々の状況を見て、的確に行
動する。事後はすぐに各学級で振
り返りをして次の訓練や学習活動
に繋げている。

②学習活動Ⅱ（日常の授業のなか
　で）

　各学年や学級で取り組んでいる

【4年生：思考ツールの活用】
　単元「安心・安全なまちづくり
～今、自分にできること～」
　アイマスク体験を通して思った
ことや学んだことを出し合い、整
理・分析する。

　⇩　（みんなに発表）

学習活動でも、「主体的・対話的で深い学び」を意識して授業を行っている。
自ら問題意識をもって解決に向けた探究的な学習を行うことで、思考力・判
断力・表現力等が伸びるように授業改善を進めている。

　学級にはさまざまな個性をもった児童がいる。そのなかで、一人ひとりの
学習を保証し、力をつけていかなければならない。学級全体で話し合う学習
場面ではなかなか発言できない児童も、自分の考えを友だちに伝え、互いに
共有できるよう、授業を工夫していくことが必要である。

　そこで、効果的なのが、多様な思考ツールである。ウェビングやKJ法など、
全体学習の前に児童の実態や学習内容に適した思考ツールを活用していくこ

とで、どんな児童も意欲的にグループワークに取り組み、意見交流を活発に行う。その結果を全体学習のときにメンバーと協力しながら発表し学級のまとめに進んでいけると、教師の不必要な指示や細かな板書がなくても、児童間で「主体的・対話的で深い学び」が展開されていく。

【1年生から主体的・対話的で深い学びを】

　このような学習を積み重ねることで、児童は自らの力で思考力・判断力・表現力などの力を高めていく。本校では思考ツールを活用することで、自分の考えを積極的に伝えたり、他者の意見を聞いて考えを深めたりすることのできる児童が増えてきている。

＊

　本校では、これからも「いつでも　どこでも　何があっても」生き抜いていく力を育てるために、PDCAサイクルによるカリキュラム・マネジメントを進め、地域や保護者と連携した安全防災教育を推進していきたい。そして、どの学習活動においても、主体的・対話的で深い学びにしていくことをめざしていきたい。

✳ 8章

教科横断的な総合の充実による学力の向上

高知県四万十市立具同小学校教諭　**今村　潤弥**

1. 本校のカリマネの概要

　本校は、高知県西部に位置し、児童数約400人
の学校である。海・山・川と豊かな自然環境に恵
まれており、日本最後の清流として知られる
「四万十川」がすぐそばに流れている。その「四万十
川」を中心として、小・中9年間を見通した生活
科・総合的な学習の時間（以下、総合）のカリキ

ュラム・マネジメント（以下、カリマネ）を行ってきたことが、本校の特徴
の一つである。

　今回のカリマネのきっかけは、平成27年度から「探究的な授業づくりのた
めの教育課程研究実践事業（小中連携型）」の県指定を受けたことである（本
校校区は1小1中であり、本校と中村西中学校での小中連携型の指定を受け
ている）。これまでは、算数科・国語科の問題解決型授業の研究を行ってい
たが、問題解決能力の育成からさらに枠を広げ、次世代を担う児童に必要な
資質・能力の育成へと取り組みを進めることにした。研究を進めるなかで、「総
合的な学習の時間の充実」のためには教科横断的な力が必要であると考え、
生活・総合のカリマネを進めてきた。

　研究当初は体験のみで終わる単発な学習が多く、教科等との関連もあまり
意識されていなかったのが正直なところである。教科横断的な視点は3年間、
実践しながら修正・発展させていく過程で気がついたことであり、地道な取
り組みによって改善が進められた。その3年間の取り組みを紹介していく。

2. トップダウンとボトムアップで

(1) まずは教師が探究

　子どもたちに探究的な学びをさせていくために、指導する教師自身が探究することから始めた。学芸員から地域の歴史を学び、教職員自ら地域フィールドワークなども行った。意外と知らないことが多く、地域は教材の宝庫であった。この研修をもとに、総合のカリキュラムの改善を進めていった。また、「どんな授業が探究的なのだろうか？」と、全教員が自身の実践をもとに学期に一つ探究レポートを作成した。このような取り組みにより、教員の意識が高まるとともに、総合や探究的な授業に向けたイメージを膨らませていくことができた。

(2)　探究PTを核に明確な指針を

　一方で、研究の指針を明確に示していく必要もある。そのため、探究PT（探究的な授業プロジェクトチーム：校長・教頭・主幹教諭・研究主任・教務主任）を組織し、総合のカリキュラム作成や探究的な授業にかかわる理論的な研修を行い、教職員に研究の方向性と授業改善に向けた視点を示していった。また、よりよい総合カリキュラムをめざし、各学年部と探究PTで計画を見直す機会も学期ごとに設定している。このように、探究PTが核となって改善の視点を明確に示し、示された視点に沿って各学年部がアイデアを出し合うというトップダウンとボトムアップの形でカリマネを行った。

３．小中連携の取り組み（連携から協働へ）

　これからの時代を見据え、中学校卒業までの９年間における育成目標を「ふるさと具同、四万十市、高知県を愛し、21世紀を創造し、生き抜く人材を育てる」と設定した。これには、小学校や中学校で完結させるのではなく、子どもたちが生きていく先までを見通して、小・中学校段階で力をつけていきたいという思いも含められている。

　この育成目標に向けて、児童・生徒に９年間を通してどのような資質・能力を育てていくかを考えていく必要がある。そのために、小・中が連携するだけでなく、協働して共に改善を進めていった。

(1)　校種間を越えた学び合い

　年間３回保幼小中交流研修会を行っている。小学校、中学校だけでなく、本校へ入学してくる幼稚園や保育園の職員にも参加してもらい、具同地区の

児童の育成に努めている。全体会では、総合的な学習の時間の全体計画・単元計画、資質・能力の共通理解を行ってきた。「主体的・対話的で深い学び」の授業イメージや総合の単元構想のワークショップなども行った。この協働的な研修により、小・中教員間で9年間を見通して子どもを育てていくという意識がより強まってきた。

　授業公開も小・中でお互いに参観し合い、協議にも参加している。これにより、教員間で授業スタイルや授業方法などを共有することができる。また、中学校は各教科の専門性があり、小学校は豊富な指導方法を持っている。このようなよさを生かして指摘しあうことで、お互いの授業の質の向上にも繋がってきた。

４．総合と教科の両輪で（教科横断的な視点から）

(1)　ストーリー性のある総合に（単元計画）

　研究1年目は、実践を進めながら、その時点で行っている体験を軸にして探究的な学習過程を意識し、体験と学びをつなぐ1単元のストーリーを作成した。この1単元の流れができただけでも、子どもたちは、目的意識を持って意欲的に活動する姿へと変容する様子が見られた。一方で、深く考えることにより資質・能力が身についているという実感は薄かった。資質・能力が育成されるには、各教科で知識・理解などもしっかり身につけ、総合で発揮していくことが必要であることに気がついたのである。

図１　関連図（部分）

(2)　教科を越えて学びをつなぐ（教科関連図）

　そこで、2年目は、生活・総合と各教科等の関連づけを行った。図1は、その関連図である。総合と関連する教科を載せており、単元名の頭にある「★」は内容の関連、「●」はスキルの関連を意味している。総合では探究的な学習過程をいっそう重視し、各教科等

では育成する資質・能力を総合と関連づけていく。そうして、学習したことが相互に活用され発揮できるようにした。

　教科等で習得した知識・技能を総合や他教科等で活用して発揮し、探究していく。同時に、総合で探究す

図２　教科横断的な総合のイメージモデル

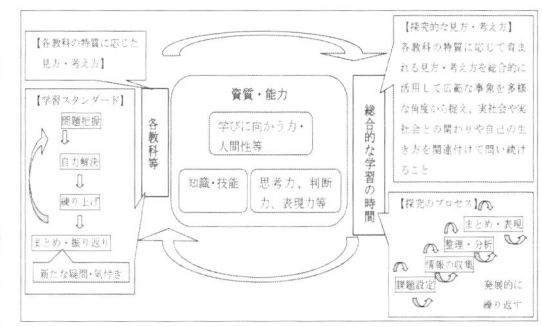

るなかで、各教科等で習得した知識・技能がより確かなものになっていく。また、教科の枠を越えて学びをつなげることで、総合や各教科等の学びが子どもにとって意味あるものになり、資質・能力が育成されていく。このように、教育課程全体を一つの学びととらえ、学習したことを活用しながら思考を深めていく学びへとイメージが変わっていった（図２）。

(3)　教科の充実もめざして

　知識・技能が活用できるものとして習得できるよう、総合と並行して教科等の改善を行った。１年目は指導過程を、２年目は発問を整理した。指導過程と発問を統一することで、子ども自身が流れをつかみ、主体的な学びへとつながるようにした。また、身につけさせたい思考スキルを意識することで、どのように思考させるのかを明確に示すことができ、子どもの思考を促すことができた。思考ツールを用いて思考の可視化を行い、他教科においても身につけた思考スキルが活用できるように実践を進めている。

(4)　子どもの学びの意識をつなぐ（単元のデザイン）

　単元を構想するうえで、生活経験や体験活動などで獲得される「体験知」と、各教科等の学習を通して獲得される「社会認識」の２方向から考え、ベン図を用いて単元構想図を作成した（図３）。「体験知」「社会認識」を単元

図３　単元構想図（ワークショップ成果物）

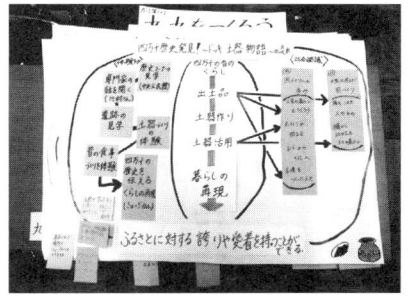

に関連づけるだけでなく、単元の学習に必要となる「体験知」「社会認識」の追加も行う。いかに学びをつなぎ、広げていくかを具体的に考えながら実践を進めている。

5. 9年間をつなぐ生活・総合カリキュラム

3年間かけて修正・発展させた現時点での生活科・総合的な学習の時間のカリキュラムが図4である（本校HPにも掲載）。

(1) 育てたい資質・能力を明確に（図4上段）

総合を通して育てたい資質・能力を明確化した。子どもの発達段階にあわせて小学校3・4年生を「探究的な学びを楽しみ、地域に目を向ける時期」小学校5年生～中学校1年生を「探究的な学びを通して、社会に目を向ける時期」、中学校2～3年生を「探究的な学びを深め、自分を見つめる時期」として三つのステージカテゴリーに分けた。9年間をかけて、意図的・計画的に資質・能力の育成を図っていくようにした。

(2) 四万十川を中心とした9年間のストーリー（図4下段）

9年間を見通した全体計画は、本校の一番の特色である。

1・2年生では活動の場を広げながら気づきの質を高めていく。生活科では、四万十川の季節の変化や、四万十川の石を使った物づくりを行うなど四万十川を学習材として扱っており、体験知を増やし9年間の基礎として「地域を知る」ことをめざしている。

3年生では、1・2年生で何度も足を運んで知った「地域」に焦点化し「具同じまん」として地域の人に自慢していく活動を行っている。4年生では、「私たちの宝　四万十川」として、四万十川の恵み、人、観光、環境保全などを中心に構成し、4年生なりの視点で四万十川を多面的に見つめさせている。

5年生では、食の視点から四万十川の水を生かした米づくりを、6年生では、小学校のまとめとして、歴史という時間軸の視点から四万十川流域に住んでいた人々の暮らしについて考えさせている。中学校1年生では、小学校の学習のうえに立ち町づくりの視点から地域で行われる行事への参加を中心に、中学2年生では、地域活性化という視点から地域を見直す活動を行っている。また、9年間の出口である中学校3年生では、「四万十市流域の世界

図4

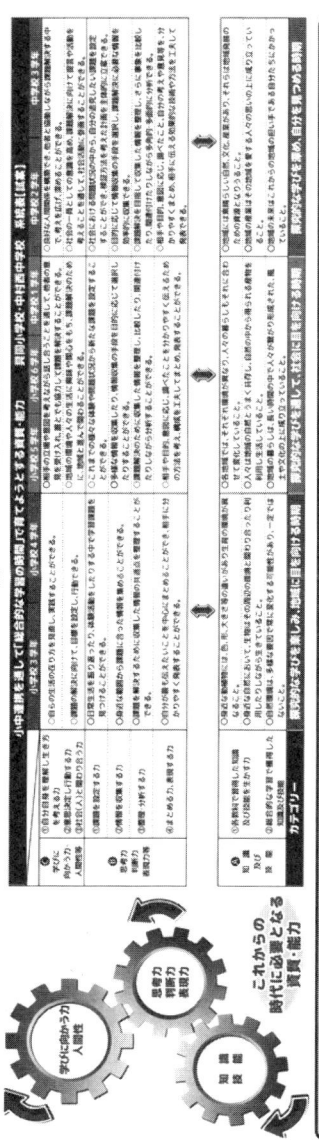
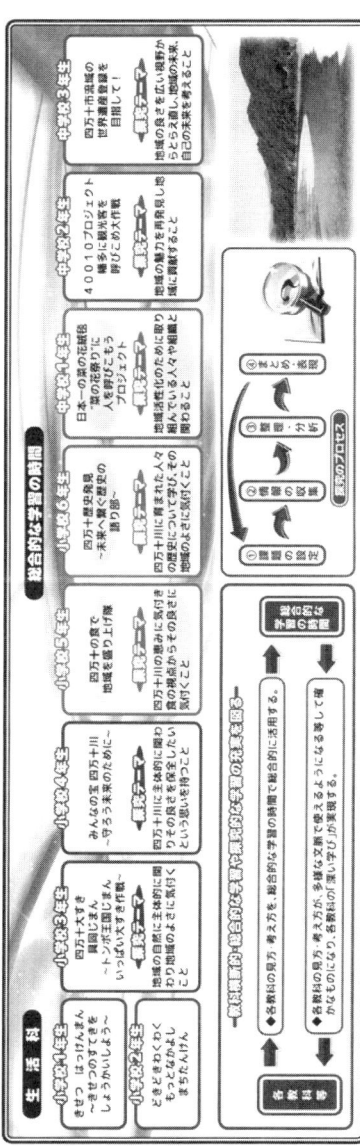

遺産登録を目指して！」とテーマを設定し、自分とこの町の未来について考えていく。このように、地域の学習材を大切にし、地域を多面的な視点でとらえさせながら9年間の学びと体験をつなげていった。子どもたちが、故郷である具同地域にいっそうの愛着と誇りを持ってくれることを願い構成している。

6．結果として、学力の向上に

子どもの変容として、全国学力・学習状況調査の結果を紹介する。

(1) 学びの意識変化

図5のグラフは児童質問項目（11、57、58）の結果である。

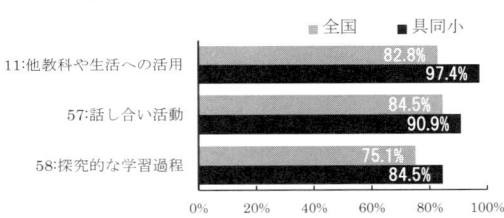

図5　学習の意識調査（H29）［肯定的評価］

「57：話し合い活動を行っていた」や「58：探究的な学習過程で学習していた」では、全国平均を上回っている。また、「11：授業で学んだことを、他の学習や普段の生活に生かしている」では、95%を超えており、学びをつなぎ、活用し発揮していくことが子どものレベルで意識づけられてきた。

(2) 学力の高まり

図6のグラフは、全国平均正答率との差の推移である。A・B問題とも年々上昇傾向にあり、本年度は、平均正答率で5ポイント以上バランスよく上回ることができた。教科横断的な総合の充実をめざしたことで、学習意欲が高まるとともに、学んだことを繰り返し活用すること

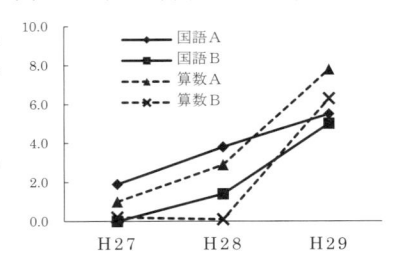

図6　過去3年間の学力の推移

で自分の力として身につき、結果的に学力向上にもつなげていくことができたととらえている。

生徒と教師が学習活動を共に創るシステムの構築による学力の向上・維持

岐阜県岐阜市立東長良中学校長　上田　貴之

　本校では、「生徒は授業を含む諸活動の推進主体者となり得る」という考えのもと学校経営を進め、教師と生徒の学習活動等におけるシンクロ率を高めてきた。その結果、本校は学力向上を成し遂げ、県内トップレベルの学力を長年にわたり維持している。「授業とは自分たちで創る学習活動」という当時者意識を生徒にもたせて自律性を育むとともに、「自分たちも参画できる活動」として位置づけ、自律的に動けるようにするマネジメントを実行しており、「学習主体である生徒を教育活動の客体ではなく、マネジメント主体である」として位置づけていることが、本校の学力向上の取り組みの特色である。

1. 授業ではなく「学習活動」

　本校では、授業を「学習の主体者である生徒が自ら学ぶ場」として、「学習活動」と呼ぶ。これは「私たちの力で授業を創りたい。私たちの考えも取り入れて活動したい」という生徒の思いからつけられた呼称である。この呼称には「教師が生徒に教え授ける授業ではなく、主体的に学ぼうとする生徒と教師が力を合わせて協働的に創りあげる創造的な活動にしたい」という願いが込められている。それゆえ本校では、保護者参観日等の学習公開を「自分たちの学習文化を公開する場」として、

写真1　生徒が作成した学習公開案内

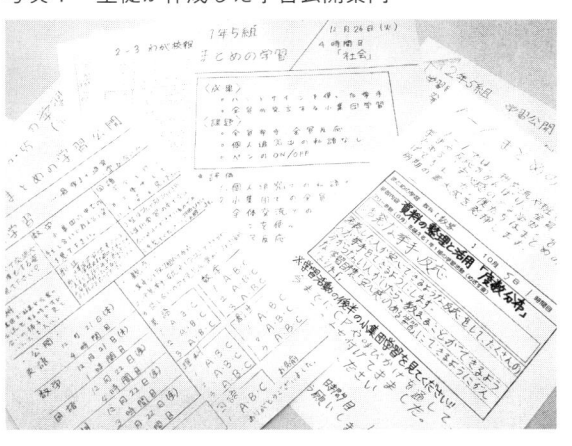

写真1のような学習活動公開案内（評価表）を生徒が作成し、学習活動を公開している。また、実践研究の成果を公表する研究発表会は、生徒と教師が共に創りあげてきた学習の成果を発信する場として位置づけ、「わが校発表会」として開催している。「呼び方を変える」ことにより、教育活動を生徒の立場でとらえ直し、生徒サイドから構築することは、マネジメントの一つである。

２．生徒を軸に学習活動を展開するための取り組み

　開校から30年を迎えた本校であるが、これまでに教育課程の改善・充実を図る際には、以下の点を大切にしてきた。
①実態の適切な把握と、教育内容等の教科等横断的な視点での組み立て
②人的・物的な体制の構築（システムづくり）と、その改善
③実施状況の評価と、その改善・発展・共有のサイクル化
　ここでは、学力の向上・維持の視点から、②と③について、教育内容と教育活動に必要な人的資源として生徒を効果的に活用する（生徒の力を徹底的にいかす）システムと、教育課程を編成し、実施・評価して改善・発展・共有を図る本校独自のPDCAサイクルについて述べる。

(1)　主体的・協働的に活動する生徒を軸に学習活動を展開するシステム

　本校は「生徒自身が学習活動等を形成する担い手」という構えで、生徒と教師が協力して学校生活や学習活動等の活動を創ることに取り組んでいる。教師にとって生徒は「チーム学校を構成する大切な存在であり、生徒と教師は学校を共に創るパートナーである」ととらえ、授業を「生徒と教師が学習観を共有し協働する場」として位置づけている。そして、学習活動において「生徒が主体的・協働的な学習の目的をつかみ、自分や仲間を学習活動に向けて動機づけ、学習形態や学習方法を考え、学び合い、自分たちの学習を評価し改善する」という「自分たちで学習活動を創る」という意識意欲をもって学ぶとき、生徒は自律的な学習者となり、学力が向上すると考え、本校独自の学習活動システムやPDCAサイクルに取り組んでいる。
①生徒会の組織として位置づく学習委員会（写真２・３）
　本校の生徒会活動には、学習委員会という委員会があり、各学級から（学

級の学習活動の向上に
かかわる活動を行う）
学習委員が一人選出される。

写真2　学習委員長からの学習通信

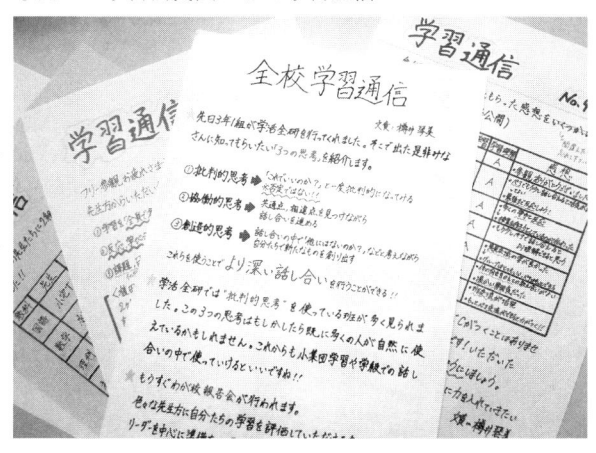

この委員会のトップが学習委員長であり、学習委員長は、学習委員会や後述の学習活動創造会を運営する。また、全校の学習状況を把握し、学習活動の創造について提案する「学習通信」を発行し、全校の学習活動の向上に生徒サイドから働きかけていく重責を担っている。生徒会長と双壁を為す委員長として、生徒の間では非常に人気の高い役職である。

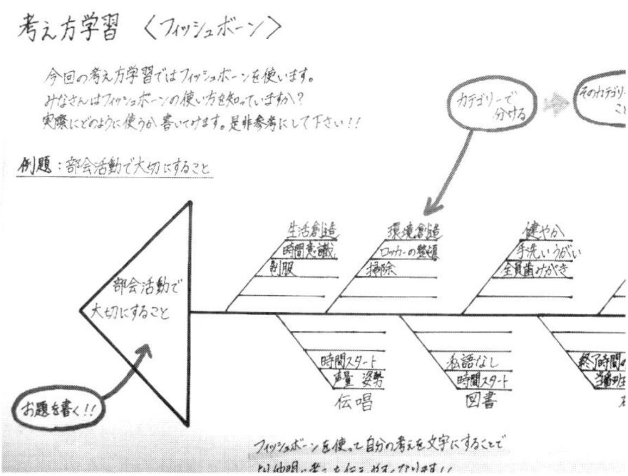

学習委員は、自学級の学習活動を創造する

写真3　学習委員会からの学び方提案

とともに、全校研究会で提案される学習活動（全校研究授業）に参加し、「自学級の学習活動の取り組みを提案し、全校の学習活動を向上させる」「他学級の学習活動に学び、そのよさを自学級に反映させる」という役割を担っている。

②全校の学習活動を創る学習活動創造会

そもそも学習活動（授業）は、教師だけで成立するものではなく、生徒は重要なアクターとして、それを構成している。このことを踏まえ、生徒を人

図1　生徒が参加する学習活動（授業）の研究システム

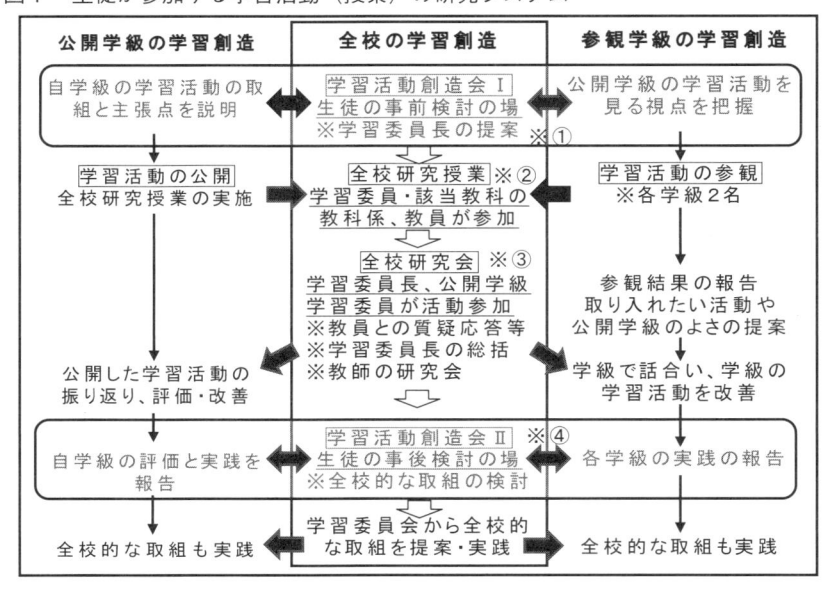

公開学級の学習創造	全校の学習創造	参観学級の学習創造
自学級の学習活動の取組と主張点を説明	学習活動創造会Ⅰ 生徒の事前検討の場 ※学習委員長の提案　※①	公開学級の学習活動を見る視点を把握
学習活動の公開 全校研究授業の実施	全校研究授業 ※② 学習委員・該当教科の教科係、教員が参加	学習活動の参観 ※各学級2名
公開した学習活動の振り返り、評価・改善	全校研究会 ※③ 学習委員長、公開学級学習委員が活動参加 ※教員との質疑応答等 ※学習委員長の総括 ※教師の研究会	参観結果の報告 取り入れたい活動や公開学級のよさの提案 学級で話合い、学級の学習活動を改善
自学級の評価と実践を報告	学習活動創造会Ⅱ ※④ 生徒の事後検討の場 ※全校的な取組の検討	各学級の実践の報告
全校的な取組も実践	学習委員会から全校的な取組を提案・実践	全校的な取組も実践

的資源として効果的に活用する（生徒の力を徹底的にいかす）システムが、各学級から選出された学習委員と教科係が活動する学習活動創造会である。

　本校への来校者は、「全校研究授業と、その後の全校研究会に生徒が参加していること」にたいへん驚くが、生徒にとっては「当たり前のこと」である。本校は生徒と教師が協力して学習や学校生活を創ることを大切にしており、生徒はチーム学校の一員として「全校研究授業を参観し、全校研究会にも参加する」「60分を1単位時間とする学習活動を生徒も構想する」「学習委員と教科係が学習活動について話し合う学習活動創造会を運営する」など、生徒と教師がともに創りあげる活動システム（図1）において、大いに活躍している。

写真4　学習の取り組みを主張する生徒

　図1のように、本校では、生徒の学習活動の創造と教師の授業研究が連動して推進されるシステムが創られている。教師が行う授業研究と同じように、生徒も「※①事前検討の場（学習活動創造会Ⅰ）」「※②全校研究授業」「※③全校研究会」「※④事後検討の場（学習活動創造会Ⅱ）」を行い、各学級の学習委員、公開する学習活動の対象となる教科の教科係等が参加している。

　学習活動を公開する学級は、公開する日に向けて学級が一丸となり、学習活動に取り組み、自学級の学習文化の売り（主張点）を示せるよう努力する（写真4）。

　「※①事前検討の場（学習活動創造会Ⅰ）」は、学習活動を公開する1週間ほど前に開催する。この場で公開学級の学習委員と教科係が、自学級の学習活動の取り組みや全校に広げたい点を説明する。参観する学級の学習委員と教科係は、この場で参観する視点を学び、自学級の学習の様子を踏まえて、「どの場面で参加するか」「何を公開学級から学ぶか」等を考えていく。

　「※②全校研究授業」は、他学級の学習委員や教科係が、「自学級で参考となる場面」を選んで参加し、学習活動創造会Ⅰで示された視点を参考にして、自学級に取り入れたい公開学級の学習活動のよさ等を記録する。

　「※③全校研究会」は、学習活動公開後に実施されるが、その会には、学習委員長である生徒と公開学級の学習委員、教科係の生徒も同席し、その場で教師と質疑応答をする。学習委員長は、この場で出た意見や自分の考えをもとに全校に提案する全校学習通信を作成する。

　その後、公開学級は発表した学習を振り返り、参観した学級は参観した学習委員や教科係から「公開学級から得たよさや学び方」の報告を受けて、自学級における当該教科の学び方を検討し、学習活動を改善する。

　「※④事後検討の場（学習活動創造会Ⅱ）」は、学習活動公開の約2週間後に開催され、各学級の学習委員と教科

写真5　学習目標を宣言する全校集会

図2　マネジメントサイクル

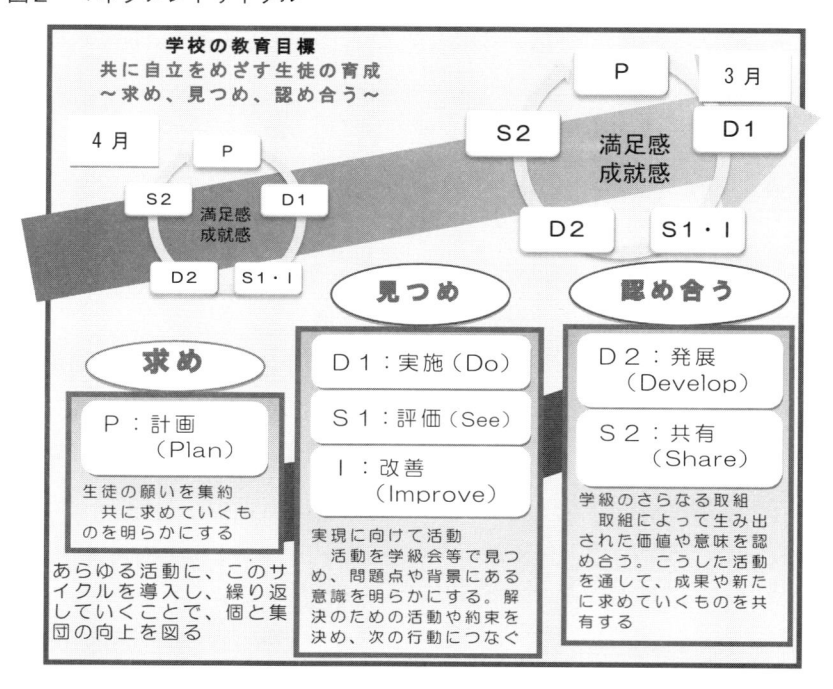

係が参加する。ここでは、公開学級の振り返りや、他学級のその後の学習活動の改善の取り組みが交流される。

　このシステムは、「他学級の学習活動のよさを学びたい」という生徒の声から20年ほど前に創られたものである。過去は、学習姿勢について交流されることが多かったが、最近では学習方法等について交流されるようになるなど、年々変化している。こうしたシステムにより、教師の組織と生徒の組織の融合が図られ、生徒と教師が一体となって、学校の学習文化が築かれている。このような活動のなかで、生徒は、学習活動の重要なアクターとして活躍し、この組織は全校の学力の向上・維持にとって重要な役割を担っている。

(2)　発展的なPDCAサイクル（本校独自のマネジメントサイクル）

　一般的に、全校研究会は教師の指導力の向上を目的として行われるが、本校は、各学級で生徒が4月に話し合って決めた「学習目標（学級目標とは別

図3

P　（計画：Plan）	学習活動創造会 I　参観視点の明確化 　公開前に全校の学習委員・教科係と教師で検討
D 1　（実施：Do）	学習公開 全校の学習委員と教科係が参観
S 1　（評価：See）	全校研究会 公開学級の学習委員教科係等 が参加
I　（改善：Improve）	公開学級は成果・課題を踏まえた改善点、参観 観学級はよかった点を明らかにして学習活動を を実施
D 2　（発展：Develop）	学習活動創造会 II 成果の共有
S 2　（共有：Share）	全校研究会後に自分たちの学級で取り組んだこ こと、自分の学級に取り入れたこと等を交流

立て）」の達成に向けた取り組みの活性化も目的としている。

　各学級は、学習目標を教室に掲示するとともに、全校集会において自学級の学習目標を示し、目標に込めた思いや実現に向けた学級の取り組みを「宣言」という形で紹介し活動を行う（写真5）。

　学習目標の達成に向けて、各学級の学習活動を活性化し、学習活動創造会を軸にしたシステムを効果的に機能させ、生徒の主体的・協働的な学びを具現するために、本校では図2のマネジメントサイクルを実施している。

　学習活動創造会を軸とした研究システムを当てはめると図3のようになる。

　このマネジメントサイクルを生かして、全校研究会を年間6回実施し、各学級や全校の学習活動の向上に取り組んでいる。

写真6　自分たちで創る学習

3．生徒自身が「自分たちで学習活動を創りあげる」という学校文化

全国学力・学習状況調査等の結果などを見ると、本校は県内でもトップレベルの学力を維持している学校であるが、これは、本校の「自分たちで創る」という学校文化によるものととらえている（写真６）。

平成29年度（７月と12月）に実施した学校評価アンケートの結果、以下の設問に対して「よく当てはまる」「当てはまる」を選んだ生徒の割合は非常に高いものであった。

「学習委員や教科係を中心に自分たちで学習活動を創りあげている」約90％。

「基礎的・基本的な知識や技能が身に付いているという実感がある」約85％。

「仲間の考えと自分の考えや経験と関わらせたり、これまでに身につけたことを活用したりして、考え、話し合っている」約90％。

「私は、東長良中学校での学習活動や生活に満足している」約90％。

ほとんどの生徒が、「自分たちで学習活動を創りあげている」ことを実感し、自分たちの学習活動等含む学校生活に満足感を覚えている。「自分こそが学習という行為の主体者である」という意識をさまざまな方法や仕組みを活用して徹底して育んでいることが、生徒の学習に対する自律性を高め、「学習に対する目的意識をもつこと」や「学級や全校の学習環境（学習集団や学習姿勢）をつくること」につながっている。また、こうした活動を通して生徒個人や学級や学校という集団が、学習に対して満足感や成就感を得るようにしていることが、学力の向上・維持の好循環を生み出しているととらえている。

本校の学力の向上・維持を支えるものをまとめると以下の３点であろう。

①生徒主体の学習活動の創造や、生徒が主体的に参画するためのシステムが確立され、持続されていること。

②「生徒と教師は活動や学習における実践共同体である」という意識をもち、活動や学習を創造しようという努力を継続していること。

③生徒の考えや意見により、活動やシステムが改善され、発展をめざすという営みが校風や学校文化として根づいていること。

「みんなで創る。やりながら考える」
組織文化の確立

広島県尾道市立向島中学校長／前広島県尾道市立因北中学校長　**濱本かよみ**

　因北中学校がある因島は、広島県の東南部、瀬戸内海のほぼ中央に位置し、人口約2万6千人の島である。中世は村上海賊の拠点として、近世は廻船操業、近代以降は、造船業など舟で栄えた島であったが、現在は、造船の不況の影響を受け、一時期のような繁栄は見られない。市町村合併により2006年に尾道市に編入された島である。

　島内には、小学校が3校、中学校が3校ある。本校は、島の北部に位置し、教員数20名、生徒数188名（平成30年1月現在）の中規模の学校である。生徒のほとんどは、因北小学校1校から入学し、島内唯一の県立因島高校へ約6割進学するという環境にある。

　本校は、「集学伸　心一つに未来を創る」を合い言葉に生徒指導のいっそうの充実を基盤とし、教科学力・生活学力の向上をめざし、職員、生徒が心を一つに教育活動を行い、生徒は、落ち着いた学校生活を送っている。学力調査等においても一定の成果が見られ、さまざまな行事等にも意欲的に取り組むことができている。

　しかし、筆者が赴任した平成24年度当時は、落ち着いて学習できるような状況ではなく、各種学力調査においても県平均を大きく下回り、無答率や到達率30％未満の生徒の割合は、県平均に比べ非常に高い状況にあり、生徒指導面や学力面に大きな課題を抱える学校となっていた。

　本校での5年間の取り組みをここに紹介させていただくことを通して、再度、見直し、改善を図る機会としたいと考える。

1．生活学力の向上に向けた取り組み

⑴　指導の根幹である「因北ナビゲーション」の作成「PLAN：創る」

　まず、取り組んだことは、生徒にルールを明確にし、学校生活の当たり前を教え、学習規律や学習スキルを身につけさせ、教職員の指導を一つにする

ためのマニュアル教科書「因北ナビゲーション」（以下、因北ナビ）の作成である。因北ナビは、4章から構成され、1章は、安心・安全な中学校生活を送るために必要な事項を、2章には、授業での学び方や家庭学習の仕方などの学習について必要な事項を、3章には、生徒会活動や部活動を行うために必要な事項を、4章には、生徒指導規程をはじめ学校生活のなかで必要な諸規定を載せている。

　この作成のモデルとなったのは、広島県福山市立一橋中学校が作成し成果をあげている中学校生活の手引き「わんナビ」であった。その当時一橋中学校で校長をされていた山上先生からデータをいただき、作成に入った。当初、作成に後ろ向きな意見もあったが、現状を打破できるものであれば、「とにかく何でもやってみよう」という熱い思いを持った職員の後押しを受け、主任・主事を中心に作成の分担を決め、「わんナビ」を手本に本校の実態を踏まえ、平成25年2月に第1号の「因北ナビゲーション〜充実した学校生活を送るために〜」が完成した。

(2)　因北ナビゲーションの活用「DO・CHECK：動かす」

　「因北ナビ」の活用は、新1年生から行った。「スタートアップメニュー」という入学後2週間の指導計画を立て、そのなかに「因北ナビ」を据えた。この年の1年生も小学校時代に学級崩壊を繰り返した学年であり、中学生になった瞬間から「リセット」させることが重要であると考えた。保護者にも配布、周知し、協力を求めた。生徒には「スタートアップメニュー」を実施するなかで、「因北ナビ」をていねいに読み合わせ、大事なところには線を引き確認させた。

　入学当初は、朝や夕のHR時には、必ずこれを使い指導を行った。2学期は「ステップアップメニュー」、3学期は「ジャンプアップメニュー」と名づけた指導計画を立て、指導の継続と発展を仕組んでいった。

(3)　活用のなかで生まれた問題点への対応「ACTION：変えていく」

①全校学活のスタートと生徒会「Grow up Week」活動

　1年生の指導はうまく回っている一方で、2・3年生については、活用がうまくいっていないクラスも見受けられた。2・3年の生徒は、今までの本校での学校生活の有り様が身についており、教職員の指導の範疇に入らない

生徒も多くいるなかで、4月に一気に「因北ナビ」を示し、指導していくことのむずかしさを感じている職員の悩みが見えてきた。

写真1　全校学活での指導

そこで、主任・主事と相談し、この教職員の温度差や悩みを解決するためにできることを考えた。それが「全校学活での指導」（写真1）である。全生徒、全教職員が同じ時間を同じ言葉で同じ内容を共有すれば、前述の問題は解決するであろうと考えた。平成25年度2学期の始業式後の全校学活がスタートである。教務主任・生徒指導主事が相談し「2学期みんなで頑張ること」の取り組み目標「授業の号令・挨拶をしよう」と「机上を整理しよう」を決め、教務主任がパワーポイントを活用し、説明をする。そして、生徒会執行部の生徒が正しい号令のかけ方、挨拶の仕方の模範演技を行い、教職員や生徒への周知を図る全校学活を行った。今では、学期の反省、次学期への取り組みを確認する校内研修が終了すると、全校学活実施に向け、各担当が主体的に動いていく。体育館の準備、生徒会への指導、リハーサルまでていねいに行う。全校学活は、学期始め、形が崩れかけたとき等に実施している。現在も継続・発展させている取り組みである。

全校学活で確認した内容を具体的に日々の生活のなかに落とし込んでいくためには、生徒の力は大きい。そこで、生徒会8委員会の「Grown up Week」と称した活動を立ちあげた。全校学活で確認した「頑張ること」のなかから、委員長が担当委員とともに「挨拶の声が小さい」などという課題を見つけ、この課題を解決するための企画書を作成する。委員会担当教諭のアドバイスをもらい、担当委員会の生徒と全クラスの班長が集まる拡大委員会で、取り組みの目的や採点方法などの確認を行い、取り組みをスタートする。全校学活・課題発見・企画書作成・取り組み・評価・表彰というサイクルを生徒たちの力で回していくことにより、確実に成果が見えてきた。

②深化・進化し続ける「因北ナビゲーション」

活用するなかで、「ここは、実態に合わない」という問題点が見えてきた。

すぐに変えられることは、そ　写真2　平成25〜29年度の因北ナビゲーション

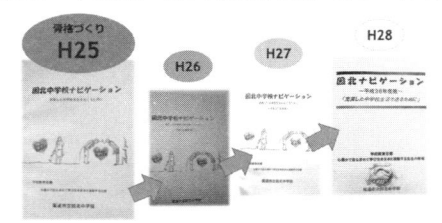

の都度変更し、修正した。活用したからこそ、改善点が明らかになり、活用して、生徒の変容が見えてきた。改訂する必然性も教職員のなかに実感として生まれ、平成25年度末には、教職員のほうから改訂に向けての意欲的な声が聞かれるようになり、平成26年度版から29年度版まで「因北ナビ」は探究のサイクルを回すがごとく教職員の主体的な動きのなかで深化・進化していった（写真2）。

③生徒指導委員会・自己指導能力を育成するための年間計画

　「因北ナビ」を根幹に据えた統一した指導を行うためには、生徒指導委員会は重要な役目を持つ。本校では、常に情報の共有を図り、即座に課題解決に向かうことを大事にしている。そのため、生徒指導委員会は、毎週木曜日に定期開催とし、第1木曜は教育相談委員会、第2木曜はいじめ等防止委員会、第3木曜は特別支援教育委員会、第4木曜は不祥事防止委員会と共に行っている。その会議の内容は、担当者が議事録を作成し、翌朝の職員会で配布し、情報の　写真3　自己指導能力育成のための年間指導計画
周知・徹底を行っている。

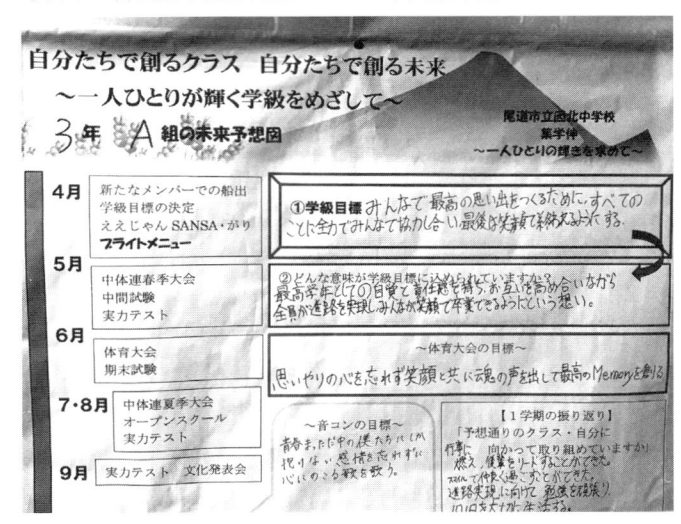

　また、生徒指導の年間指導計画「自己指導能力育成のための年間指導計画」（写真3）を作成し、その進捗状況を生徒指導委員会で確

認し、修正しながら取り組みの充実を図っている。この指導計画には、各教科、道徳の時間、総合的な学習の時間とのつながりや同じ時期に行う特別活動や生徒会活動、ボランティア活動、職員研修、保護者連携、関係機関との連携などがどのようにかかわっているか明記している。

(4) 生徒が創る学級カリマネ

「自分たちが創るクラス　自分たちで創る未来～一人ひとりが輝く学級を目指して～」と題した学級未来予想図の取り組みは、生徒自身の手による学級レベルのカリキュラム・マネジメントである。年度初めの学活の時間、生徒一人ひとりが、どのような学級にしたいのかKJ法等を使い、考えを出し合い、班ごとに集約し学級目標を決めていく。学級目標が決定したら、「クラス全員で日頃から取り組めること、1年かけて自分がクラスのためにできること」を決定し、未来予想図に記入する。行事ごとにも「全員で頑張ること」を話し合って決める。行事が終わった後や学期末には、振り返りをし、理想の学級や自分に近づけているか、自分自身が内省したり、学級で居心地のいいクラスにするためにはどうしたらよいか等の意見を出し合ったりしながら、学級マネジメントのPDCAサイクルを、生徒自身で回していく。教師はあくまでもファシリテーターとしての役に徹する。教職員は「学級目標決定までの道」というテキストを使い共通の指導を行う。指導を行うにあたり、事前に教職員は校内研修で、生徒の目線で体験してみる。本校では、初めて取り組む際には、必ず校内研修でその目的や意義を共有し、実際に体験し、生徒への指導を行っている。

2．教科学力の向上へ向けた取り組み

(1)　「学びの変革」に対応できる授業改善をめざして

広島県では、平成26年12月に、グローバル化する21世紀の社会を生き抜くための新しい教育モデルの構築をめざして「広島版『学びの変革』アクション・プラン」が示された。そのなかでは、「知識を活用し、協働して新たな価値を生み出せるか」を重視した「資質・能力の育成を目指した主体的な学び」を促す教育活動の積極的な推進をめざしている。そのための具体的な取り組みの一つに「課題発見・解決学習」を掲げている。

これを受け、本校でも、生徒実態から見える課題を整理し、育成すべき資質・能力を校内研修で熟議し、資質・能力の育成に係る年間指導計画の作成や「課題発見・解決学習」を実施するための授業改善に取り組んでいる。具体的には、追求する必然性のある仮題設定を行い、単元全体を意識して本時の授業を組み立てることに取り組んでいる。単元構想を作成し、授業を行うということは、教師自身が、学習内容の見通しが持てどこで知識・技能を育

図1　因北授業スタイル

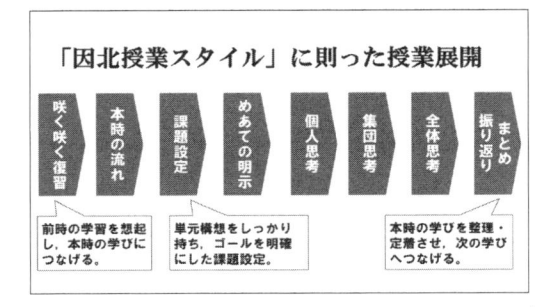

図2　視覚的支援の工夫

成し、その表現場面・活用場面をどこに設定するのかといった「主体的な学び」の過程を構成していくことにつながる。そして、それらの活動を通して身についた力をどのように評価し、つかなかった力はどこで補うのかといった評価の場面や評価規準も明確にすることができると考えたからだ。単元構想図については、研究主任が書き方の様式を作成し、職員に示している。そして、他の職員が、その様式で書いてみる。書いてみることにより、問題点が生まれ、また、改善へとつなぐことができる。

　また、学びを支える取り組みとしては、書く力を育成するために行う「視写タイム」（朝のHR前10分）の設定、授業の心構えをつくるために行う「1分前黙想」、やる気を高める「気持ちのよい号令」「因北授業スタイル」（図1）に則った授業展開、授業始めに行う「咲く咲く復習」と称した1分間復習（前時の学習のポイントをノートにまとめる）、「視覚的支援の工夫」（図2）等も全職員で行っている。

(2)　総合的な学習の時間の見直し

　　総合的な学習の時間の見直しを始めたのは、平成26年度3学期からである。それまでにも、研究テーマを設定し、研究授業にも意欲的に取り組んできた。生徒は落ち着き、学力も徐々には上向きになってきたが、基礎的な力とそれを活用する力に依然課題は残った。そこで、新たな視点から授業改善を行う必要があると考え、基礎的な知識の定着を前提とし、それを活用して問題を解決していく、探究的な学習活動を取り入れることとした。平成27年度は、研究テーマを「『わかる授業』・『できる授業』の創造～知識・技能の活用を生かした授業づくり～」とし、研究・実践するとともに、総合的な学習の時間の見直しをすることにした。

　　総合的な学習の時間の見直しをするにあたり、先進校（岡山県岡山市立京山中学校）でカリキュラム開発について学び、さらに、甲南女子大学の村川雅弘教授（当時は鳴門教育大学教授）の助言もいただける環境を整えた。見直しの中心は、教務主任、研究主任とし、これまでの取り組みと課題の整理、小学校との連携を平成26年3月までに行った。平成27年4月に総合的な学習の見直し計画を作成、5月に村川教授をお招きした校内研修を実施し、当年度の総合的な学習の年間計画を作成した。この研修はワークショップ型研修で行い、職員が3グループ（キャリア教育、防災教育、いのち・平和学習）に分かれ、前年度までの学習事項や本年度新たに行ってみたい学習事項を書いた付箋を移動させながら、年間計画の修正案を考えた。また、本校の生徒にとって、最も必要な資質・能力についても熟議を行い、教職員一人ひとりが意見を出し合い、協議した。

　　それらを基に「人間関係形成能力・社会形成能力」「自己理解・自己管理能力」「課題対応能力」「キャリアプランニング能力」の四つの資質・能力を育むために、単発的な活動に留まっていた単元を「いのちの学習」と「キャリア教育」の2本柱で再整理した。「いのちの学習」として、1年の防災教育、2年の平和学習、3年のグローバルな視点での命の学習を繋ぎ、3年間を通した探究活動をめざすこととした。また、「キャリア教育」として、1年のふるさと学習、2年の職場体験学習と立志式、3年の高校調べとふるさとへの提言を繋ぎ、3年間を通した探究活動をめざすこととした（図3）。さらに、

資質・能力の育成を考えるとき、そこには必ず教科・領域・行事等との学びの関連を見ていくことが重要と考え、「教科等関連表」の作成も行った。より探究的な学びを追求できるように単元構想図の作成や指導案作成の「How to」テキストも作成した。学期ごとのスパンで単元開発を行い、終われば改善する。その繰り返しのなかで、より探究的な活動をめざしている。

図3　総合的な学習の構成

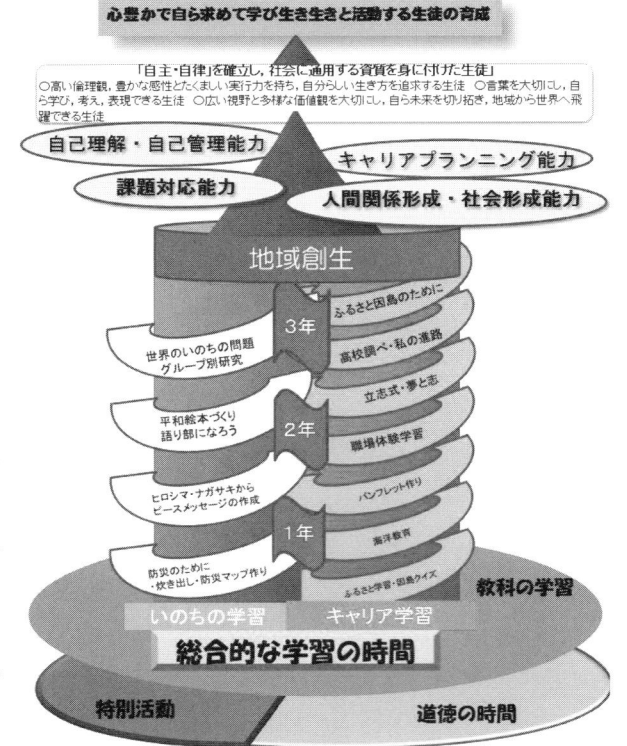

3. 協働的・実験的・柔軟な組織文化の確立

　本校の取り組みは、生徒指導（因北ナビ）を土台としたうえで、教科指導の充実を達成していくことを軸とし、月1回の校内研修（ワークショップ型研修：教職員の思考のフィルターを通す）を大事にして、取り組みを進めてきた。「みんなで創る。やりながら考える」協働的・実験的・柔軟な組織文化が本校に育まれてきたことが、教師の教育観が変わり、生徒が変わり、学校が変わるというよい連鎖を生んだと考える。

授業改善と教員の意識改革へのアプローチ

高知県本山町立嶺北中学校長　**大谷　俊彦**

　平成29年3月、新しい学習指導要領が告示され、現在その周知・徹底が図られている。新しい学習指導要領作成の過程においては、中央教育審議会から、「アクティブ・ラーニング」「主体的・対話的で深い学び」「育成を目指す資質・能力」「カリキュラム・マネジメント」「社会に開かれた教育課程」「チームとしての学校」などのキーワードが次々に示され、その都度、本校ではそのキーワードについての調査・研究に取り組んできた。

　「カリキュラム・マネジメント」については、この分野で先行研究してきた田村知子岐阜大学大学院准教授は、「学校の教育目標をより良く達成するために、組織としてカリキュラムを創り、動かし、変えていく、組織的かつ発展的な、課題解決の営み」（2011）と定義しており、この「学校教育目標」が有名無実化してないか、お題目で終わっていないか、定期的に評価・見直しが行われているか、ということが「カリキュラム・マネジメント」を実践するうえで最も大切なことと考えている。

　本校では、学校教育目標に「社会人基礎力の育成」を掲げ、研究主題を「基礎学力の定着と表現力の育成──キャリア教育の視点に立った探究的な授業の創造」とし、「学力」と「表現力」に重点を絞り、「一点突破型」で、組織的・効率的にPDCAサイクルを回してきた。

　学力向上の方策としては、「アクティブ・ラーニング」の視点に立ち、「教え」から「学び」へと授業改善を図るために、「嶺北スタンダード」や「嶺中八策」の策定、「授業アンケート」による教員の意識改革、「Smile手帳」による生徒の家庭学習の充実に取り組んでいる。また、「探究的な学びの構想を可視化する授業プラン」という独自の学習指導案形式を考案し、「主体的な学び」「対話的な学び」「深い学び」の実現に向けて授業の質的改善を図っている。

1. 育てたい資質・能力

本校では、学校教育目標の「社会人基礎力」に必要な資質・能力として「嶺北ACT（アクト）」を設定している。ここには、資質・能力を「Action」「Collaboration」「Thinking」と三つのカテゴリーに分け、それぞれ三つの能力を定め、生徒・教職員で共通理解を図り、「何ができるようになったか」「どんな力がついたか」といった視点でPDCAを回している（図1）。

図1

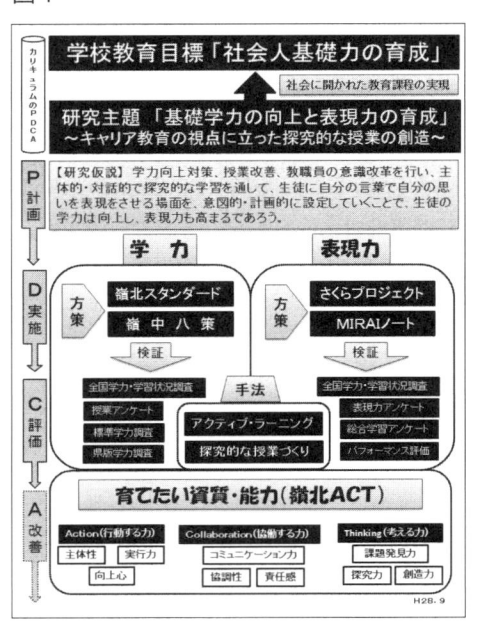

2. 基礎学力の向上について

(1) 学力向上対策「嶺中八策」の策定

土佐の偉人、坂本龍馬の「船中八策」になぞらえ「嶺中八策」とし、学校全体で学力向上に取り組んでいる。ここで大切なことは、こうした案を教職員全員でアイデアを出し合うことであり、そうした過程を踏むことが「やらされ感」からの脱却につながるのである。

嶺中八策（※「嶺中」とは嶺北中学校の略称）

①1日10分間の学習タイム（英・数・国）による基礎固め

②個に応じた授業の実施（少人数習熟度、ティーム・ティーチング）

③長期休業中の加力指導の充実・拡大

④「嶺北スタンダード」の実践による授業力・指導力の向上

⑤「Smile手帳」による家庭学習の充実とタイムマネジメント力の育成

⑥振り返り授業（確認テスト）の実施

⑦英検・漢検の全員受験と数学オリンピック等への積極的参加

⑧朝読書による語彙力・集中力の向上

図2

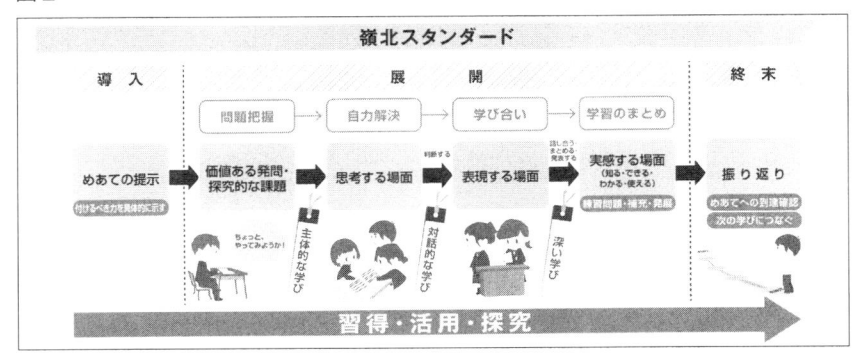

(2) アクティブ・ラーニングの視点による授業改善

　今、われわれ教師に求められている新しい授業とはどのようなものであろうか。私は、一言で言うと「生徒をやる気にさせる課題や発問が設定されている授業」「自分でしっかり考える場面、双方向の話し合いが成立している場面、自分の言葉で表現する場面がしっかりと位置づいている授業」「学んだことが他に応用でき、社会（日常生活）とつながっていることが実感できる授業」ととらえている。そこで、そうした授業を実現するには、あらかじめ定型の授業スタイルを設定しておき、そこに生徒の姿をイメージしながら学習計画を立てることで、ベテラン・若年を問わず誰でも新しい授業実現が可能であると考え、「嶺北スタンダード」（図2）という本校独自の授業モデルを構築し、日々実践に努めている。ここでのポイントは、「めあての提示」と「振り返り」を学習活動に位置づけ、必ず実践すること。そして、展開では、「思考する場面」と「表現する場面」、そして、生徒が「できる・わかる（習得）」「使える（活用）」「役に立つ（探究）」ことを「実感する場面」を必ず指導案に盛り込まなければならない点にある。学んだことが実生活とつながっていることを実感させることこそが、まさに、「社会に開かれた教育課程」であり、本校がめざす「社会人基礎力の育成」につながるのである。

　さらに、研究を進めるなかで、「嶺北スタンダード」のよさを生かしながら、「アクティブ・ラーニングの視点」を取り入れるために、学習指導案の形式を大きく変えて、「主体的な学び」「対話的な学び」「深い学び」の過程の実

現に取り組んでいる。タイトルも「探究的な学びの構想を可視化する授業プラン」と一新することとした。ポイントは、①カリキュラム・マネジメントの観点から、授業内容と本校の育てたい資質・能力「嶺北ACT」との関連を明記していること、②「主体的な学び」「対話的な学び」「深い学び」が実現されている授業場面を明確にしたこと、③計画された板書により思考の可視化が図られていること、④見やすく、わかりやすいようA3裏表1枚にコンパクトにまとめている点にある（図3）。

(3) 「授業アンケート」の実施による教員の意識改革

　学力を把握・分析し、教育施策の改善を図るために「全国学力調査」が実施されているが、本校では教員の授業力の把握と授業力向上を目的に、全校生徒から、すべての教科で「授業アンケート」を実施している。

　調査時期は毎学期末とし、1〜5問を「嶺北スタンダード」（探究的な授業要素）の実施状況について、6〜9問を学力の3要素の一つである「学習意欲」について問うこととしている。

授業アンケート
1　先生は授業の始めに、めあてや見通しを示してくれる。
2　授業中、話し合う活動を通じて、自分の考えを深めたり広めたりする時間がある。
3　授業中、発表したり、友達と協力して課題解決したりする場面がある。
4　先生の説明や指導は丁寧でわかりやすい。
5　授業の終わりに、目標が達成できたか学習内容を振り返る場面がある。
6　（各教科の）勉強することは好きである。
7　（各教科の）授業内容はよくわかる。
8　（各教科の）学習は、将来社会に出た時に、役に立つと思う。
9　（各教科の）学習に積極的に取り組み、学力を高める努力をしている。

　嶺北スタンダードについては、教員と協議し、到達目標を各項目80％以上とすることとした。そして、その集計結果については、長期休業中の校内研修で、全学年・全教科を一覧にし、全教職員で分析を行っている。

　図4は、ある年の調査結果の一部をレーダーチャートに表したものである。「めあて」から左半分が「嶺北スタンダード」、右側が「学習意欲」に関する

図3

嶺北中学校 ＜探究的な学びの構想を可視化する授業プラン＞ 平成29年6月19日 6校時

国語科学習指導案　3年「形」(東京書籍)　授業者 ○○ ○○

単元名（単元の名称）

主題（主張の主張）

（学習の概要について）

生徒数13名（男子4名、女子9名）

○単元の目標
・場面や登場人物の設定、語り方から、作品の主題を読み取る。
・作品の主題についての自分の考えをもち、根拠を変えて作品を書き直す。

○単元の評価規準

評価の観点	国語への関心・意欲・態度	読む能力	言語についての知識・理解・技能

本時計画（全5時間）

時間	学習活動の内容	評価規準

評価計画

育てたい資質・能力（嶺北 ACT との関連）

○主体性・探究力の育成

「嶺北 ACT」
◆Action(行動する力)
　主体性
　実行力
　向上心
◆Collaboration(協働する力)
　コミュニケーション力
　協調性
　責任感
◆Thinking(考える力)
　課題発見力
　探究力
　創造力

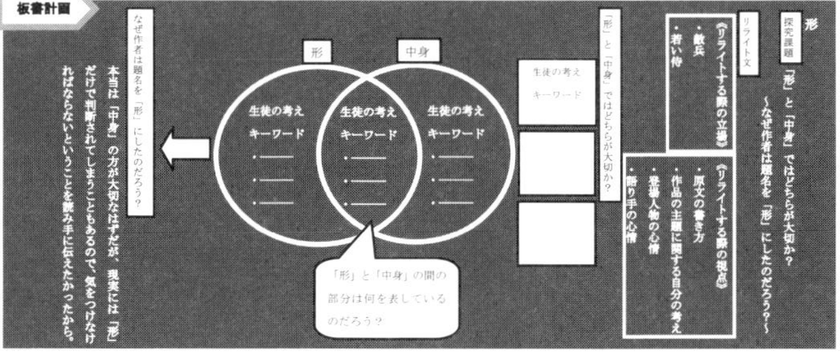

嶺北中学校＜探究的な学びの構想を可視化する授業プラン＞ 平成29年6月19日 6校時

【本時の目標】
・リライト文を通して、作品の主題について考える。

	嶺北スタンダード（探究的な学習）	学習活動	指導上の留意点	評価規準 評価方法
導入 5分		前時においてリライトした文を見ながら、どの立場でどのような意図をもって作品の主題に迫っていったのか再確認する。	終末において迫る探究課題を提示し、ゴールイメージをもたせる。	
	課題の提示	探究課題：「形」と「中身」ではどちらが大切か？なぜ作者は題名を「形」にしたのだろう？		
展開 40分	**思考する場面**（判断）	1 前時において、どのような意図をもって作品を二つの立場でリライトしたのか、事前に選ばれた生徒が電子黒板を用いて説明する。（全体5分） →《リライトする際の立場》 　①雛兵　②若い侍 《リライトする際の視点》 　・原文の書き方 　・作品の主題に関する自分の考え 　・登場人物の心情 　・「会話文」や「心の声」など 　・語り手の心情 2 リライト文をもとに探究課題について考える。（個人5分→グループ5分） →《探究課題》 「形」と「中身」では、どちらが大切か →題名に込められた作者の思いとは何か →「形」と「中身」についての考えをそれぞれ違う色の付箋に書く。 ・思考ツールを用いてホワイトボードにまとめる。（グループ） 3 グループで考えた探究課題の答えを全体で共有する。（全体20分） →ホワイトボードを用いて、グループで考えた意見とその根拠を伝え合う。 4 他のグループの意見も参考にしながら、探究課題についての自分の考えをまとめる。（個人5分）	それぞれの立場から、どのように作品の主題に迫っていったのか、電子黒板に映し出した本文から根拠を明確に示しながら説明するよう促す。 **主体的な学び** 発表を受けて、探究課題にどのように迫るか、確かめるよう促す。 **対話的な学び** ・リライトする際に意識した立場や視点をもとに、 ・「形」と「中身」のどちらが大切かについて考えることを通して、作者が題名に込めた思いについて考えるよう促す。 **深い学び** ・グループの発表を聞きながら、ホワイトボードにキーワードを示し、ペン図にまとめていく。 ・「形」と「中身」の間にあるものは何か、題名に込められた作者の思いは何かについて考えるよう促す。 ・なぜ題名は「形」でなくてはならなかったのか、他の言葉ではいけなかったのかについて考えるよう促す。	設定されている登場人物や情景を確認し、作品の主題について考えている。 ［ワークシート 机間指導］ 設定されている登場人物や情景を確認し、作品の主題について考えている。 ［ワークシート、ホワイトボード、机間指導］
終末 5分	**振り返り**	・単元の学習を通して気付いたことを、日常体験等と関連付けて自分の言葉で振り返る。 →部活動の練習や試合、学校行事など	新たな発見や気付きを具体的な言葉で振り返らせる。	

導入：前時までの復習

まず、終末において迫る探究課題〜「形」と「中身」ではどちらが大切か？なぜ作者は題名を「形」にしたのだろう？〜についてゴールイメージをもたせる。次に、作品をリライトする際、どの立場、どの立場から作品の主題に迫っていったのか、改めてリライト文を見ながら確認させる。

展開：主体的・対話的で深い学びの実現に向けて

主体的な学び	対話的な学び	深い学び
T：作品の主題を表現するためにどのような点を意識してリライトしたかについて二人に説明してもらいました。さて、この発表を受けて、これから探究課題に迫っていきたいと思います。 S1：二人のリライト文はそれぞれ違う立場からリライトしているけど、何か共通しているところがありそうだな、それを探ると探究課題の解決につながりそうな気がするな。 S2：二つのリライト文の共通点と相違点について探ってみてもいいかも知れない。 S3：二人の意見を聞いて、「形」も「中身」も必要だと思ったよ。でも、作者が考えた題名は「形」だよね、ということは「中身」より「形」が大切だと言いたかったのかな。	S1：私は、「形」だと思う。だって、若い侍には新兵衛の「形」がなかったら、初陣さんなに活躍することはできなかったんじゃないかな。しかも、新兵衛は自分の「形」に力があることを分かっていたから、若い侍に貸してあげたんでしょう？ S2：でも、新兵衛の言うように「我らほどの功名を持ちたいほどかなわぬことぞ」とあるということは、新兵衛は「中身」が一番大切だと思っている可能性がある。自分も強いのは「形」だと思っていたけど、やっぱり「実力」があるからと思うな。だから、僕は、「中身」が一番大切だと思うよ。 S3：二人の発表では、クライマックスの場面が、本文では「敵の突き出した槍が、縅の裏をかいて彼の脾腹を貫いていた」とあるけど、Aさんの文では「○○○○○」、Bさんの文では「□□□□□□」となっていて、登場人物の心情がとても多く書かれているね。	S1：A国は、「中身」が大切だと言っていましたが、本当にそうでしょうか。たとえば、どれだけ立派な「形」を持っていても「中身」が伴わなければ戦に勝つことはできないと思います。でも、最後に、新兵衛の「形」に恐れを抱いていたからこそ、若い侍が気付かずに敵を破り進めていたのだと思います。だから、「形」も「中身」もどちらも大切だし欠かすことができないのではないかと思います。 S2：B面の意見を聞いて、「形」も大切だということは分かりました。でも、やはり「中身」がなければ戦には勝てないと思います。「中身」7割、「形」3割が一番良いバランスではないでしょうか。 S3：「中身」7割、「形」3割が問われるとそんな気がするけど、タイトルをわざわざ「形」にしていることに意味があるし、たとえ3割だとしても、その3割の「形」にどんな考えをもって作者は投げかけているんじゃないかな。 T：（ベン図に吹き出しを貼る。）この間の部分はいったい何を表しているのかな？ S4：私はリライト文の「○○○○」を読んで気付いたのですが…。
＜到達した生徒の姿＞ 選ばれたリライト文をもとに、探究課題解決の糸口を主体的に見つけようとしている。	＜到達した生徒の姿＞ リライトする際に意識した立場や視点をもとに探究課題に迫り、根拠を挙げて議論するなかで、互いの考えを広げたり深めたりしている。	＜到達した生徒の姿＞ 立場を変えて作品をリライトして考えたことで、主題に深く迫れているということに気付いている。

終末：振り返り

単元の学習を通して気付いたことや新たに発見したことについて、自分たちの生活や体験と関連付けながら具体的な言葉で振り返らせる。

項目である。

3年教科Aでは、ほとんどの項目で、到達目標を満たしておらず、授業に多くの課題が残っていることがわかる。また、1年教科Bでは、生徒の学習意欲は高めているものの、「発表」や「話し合い」「課題解決」といったア

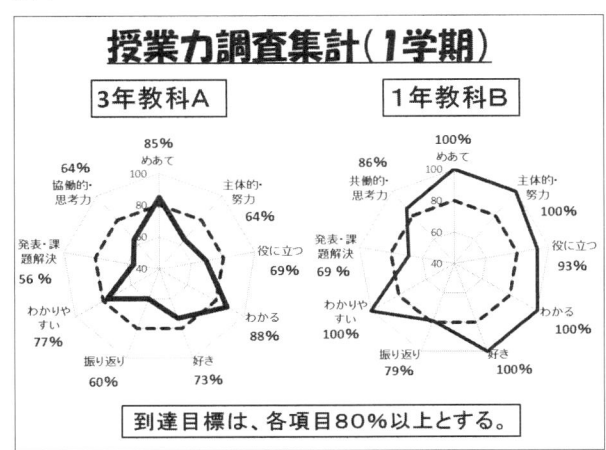

図4

クティブ・ラーニング型の授業が行われていないことがわかる。

また、このアンケートを行うことで、ほとんどの教科で「振り返り」に課題があることもわかった。このことは、研究授業などでも頻繁に見られることではあるが、導入や展開に時間をかけすぎてしまい、本当に大切な授業の「まとめ」や「振り返り」が疎かになり、授業が終末まで辿り着いていないということ、1時間で終わらせるべきところを完結させずに、次の時間に持ち越すことが日常化していることを表している。こうした微差・僅差の積み重ねが大差となっていくのである。1時間1時間の授業の精度をより高めることが、喫緊の課題として見えてきた。

調査前は、教員の多くは、自分の授業はおおむね満足できる状況にあると予想していたようだが、生徒から教員へ届いた「通知票」は予想以上に厳しく、それぞれの授業を生徒目線で振り返るよい材料となった。

また、厳しい調査結果を突きつけられた教員からは、「自分の授業での課題がよくわかった」「2学期からは、調査項目を意識して自分の授業改善に努めていきたい」といったポジティブな発言が多く聞かれ、今後の授業改善の可能性を感じることができた。

3．分析と考察

本校では、毎年4月に標準学力調査（東京書籍）を実施している。図5グラフ1は、平成24〜27年に入学してきた生徒（同一集団）の1年と3年の4月時点での学力（標準偏差値）の変遷、伸び率を見たものである。また、図6グラフ2は、全国学力・学習状況調査の国・数のA・Bを平均化し、全国との差を見たものである。図5グラフ1では、1年から3年への学年進行の過程で、全教科で確実に数値を伸ばしていることがわかる。また、図6グラフ2からは、以前は全国平均を大きく下回っていたが、最近では全国との差を縮め、全国を越すところまで上昇してきたことが読み取れる。また、図7グラフ3は、平成28年と平成29年の1学期末に行った「授業アンケート」から授業の変容を見たものである。「思考を深めたり広めたりする場の設定」や「発表し、友達と協力して課題を解決する場の

図5

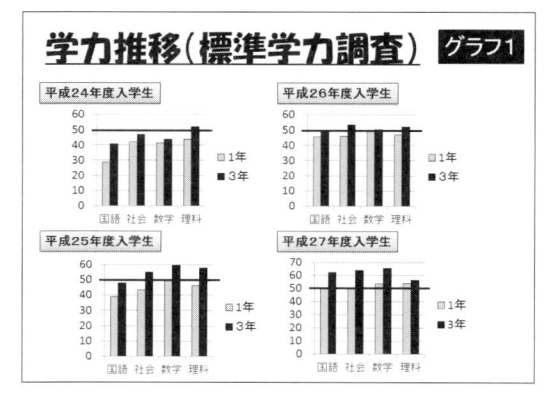

図6

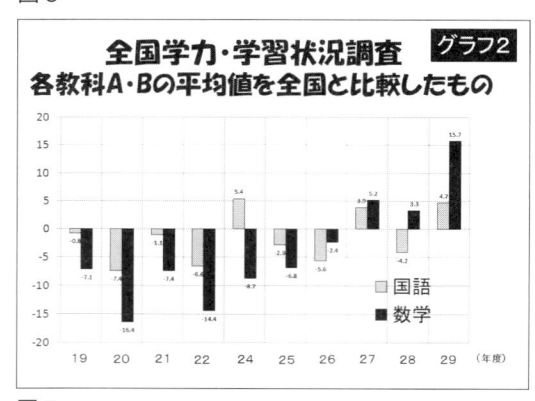

図7

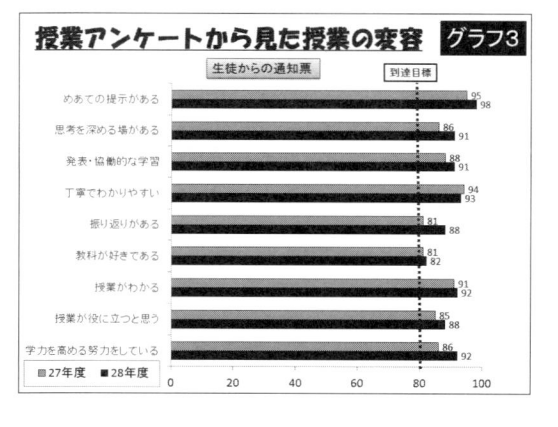

設定」という項目では、91％まで上昇しており、授業改善が図られていることがわかる。これは、指導案のなかに、「思考する場面」「話し合う場面」「表現する場面」を必ず入れるよう学校で統一したこと、毎学期に授業アンケートの分析を行い、課題改善に向けて全校で取り組んだ結果と言えよう。「教え」から「学び」への「アクティブ・ラーニングの視点による授業改善」の取り組みが、教員の意識に浸透してきた証である。

*

　中学校の場合、小学校からの学力が大きく影響することから、本校では、全国学力・学習状況調査の結果に一喜一憂するのではなく、１年生からの学力の伸びに着目し、取り組みを推進してきた。「嶺中八策」をはじめとするさまざまな処方箋が日常のこととして定着してきたことで、成果は確実に出始めている。今後は、目標を高く持ち、全国学力上位校になるために、「チーム嶺北」としての組織的な実行力を構築していきたい。

　学校経営にカリキュラム・マネジメントの視点を加え、学校改革に取り組んできたことで、学校教育目標達成に向けた教職員のベクトルが揃ってきた。また、全教職員で授業改善に取り組んだことで、「学びに向かう生徒」の姿、「『教え』から『学び』へ」と変容する教員の姿も見えてきた。

　しかし、いくら見栄えや体裁がよい授業を行っていても、「生徒の学びに向かう心」に灯をともさなければ、「教科が好き」「学ぶことが好き」という子どもたちを育てることは到底できないであろう。進路を自ら切り拓き、未来を生き抜いていくことができる力をもったこれからの子どもたちを育てるためにも、授業アンケートの設問項目にある「教科が好き」と答えられる生徒を90％以上にしていけるよう、今後も教職員一丸となって、魅力溢れる「深い学び」のある授業の創造に努めていきたい。

事例に学ぶカリマネ成功10の処方

甲南女子大学教授　**村川　雅弘**

本章の6つの事例を基に、カリマネ成功のポイント（処方）を整理する。

 処方91　カリキュラムの系統性を各学年の年計の見直し・改善
と並行して図る

　筆者は、日本海中部地震（昭和58年）、長野県西部地震（昭和59年）、阪神
淡路大震災（平成7年）、東日本大震災（平成23年）の後、各教育委員会等
と学習教材やカリキュラム開発、教師教育教材の開発にかかわった。それら
の経験から考えても、北綱島小学校の安全防災教育のカリマネはきわめて完
成度が高く、かつ目標や「系統性をもたせた地域とのかかわり」（低学年は
安全を見守ってくれる地域の方に学ぶ、中学年は地域のなかで安全防災にか
かわっている人から学ぶ、高学年は家庭や地域の防災リーダーをめざす）は
一般化が可能なものである。

　処方19で紹介した「年間指導計画を全教職員で見直し次年度に繋げる」ワー
クショップが有効だったと考える。各学年団が当該学年の生活科と「横浜
の時間」の年間指導計画の見直し・改善を行っている間、校長や副校長、教
頭等は1年から6年までの系統性を検討した。子どもの発達段階や当該学年
の教科等の学習内容との関連、学年間の重複や繋がりを精査した。このとき
の研修が同校の安全防災教育のカリキュラムの礎を築いたと言える。

 処方92　「直後プラン」でPDCAサイクルの見直し・改善を日常
化する

　西新宿小学校の行事終了直後の「直後プラン」は大岱小学校の取り組みを
踏襲したものである。筆者も大岱小学校の公開研究会で目の当たりにしたが、
研究会終了後に全教職員が会議室に集合し、気づきを付箋に書き、KJ法に
より整理した。付箋の構造化や計画の見直しまでは行わないので、それほど

多くの時間を要しない。整理された模造紙はその行事の担当者に手渡され、その担当者が改善案を作成してくる。

こんなエピソードもある。修学旅行の1週間後に訪問したときのことである。校長室のテーブルの上にさりげなく置かれていた「旅のしおり」を手にとった。「校長先生。先週は修学旅行だったんですね。あれ？　年度、来年度と間違っていますよ」と筆者が反応した。当時の西留校長が笑みを隠しながら「村川先生。こうすることで次年度の打ち合わせの時間が短縮できるんですよ。本校はこうして時間を創り出しているんですよ」と。人事異動等の関係で加筆修正は必要となるが、学校行事等に直接かかわった者が新鮮なうちに気づきを記し、それらを整理し改善案を作成しておくことは有効である。スピード感をもってPDCAサイクルが日常化すると共に、教職員一人ひとりが教育活動の見直し・改善を図っていくという意識の醸成にもつながる。

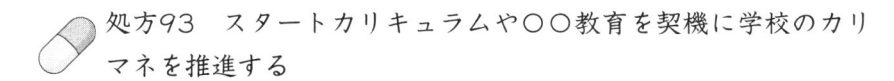 **処方93　スタートカリキュラムや○○教育を契機に学校のカリマネを推進する**

処方10ではスタートカリキュラムを「学校のカリマネ」のきっかけにすることを推奨した。因北中学校の「スタートアップメニュー」はまさしく中学校のスタートカリキュラムである。また、「因北ナビゲーション」は処方16で提唱した「学びのインフラ整備」の具体的な方策と言える。この取り組みがあったから、その後の「学校のカリマネ」が比較的短い期間で浸透し定着していったと考える。「全校学活」での「因北ナビゲーション」の活用方法についての説明や「Grow up Week」は全教職員と全校生徒が共通理解を図り、「学びのインフラ」を根づかせていくうえで有効な方法である。

北綱島小学校では安全防災教育、西新宿小学校では「特別の教科　道徳」、具同小学校は「総合的な学習の時間」が「学校のカリマネ」に取り組む足がかりとなっている。特定の教科や○○教育のカリマネは処方7で紹介した5つのカリマネのなかの「教科・領域のカリマネ」に相当する。「学校のカリマネ」を踏まえて「教科・領域のカリマネ」を開発・実施していくことが本筋ではあるが、カリマネ導入時においてはその逆も有効である。

筆者は大阪府教育庁の「これからの時代に求められる資質・能力を育むた

めのカリキュラムマネジメントの在り方に関する調査研究」事業（平成29・30年度）のスーパーバイザーを拝命している。小学校の外国語活動および外国語の学習時間の生み出しが中心の事業であるが、研究指定校はその実施に当たり、従来の朝の「帯び時間」で行っていたドリル的な学習や読書の時間の見直し・改善を図っている。小学校学習指導要領総則の第2「教育課程編成」の3「教育課程の編成における共通的事項」(2)「授業時数の取扱い」のウ(ウ)「各教科等の特質に応じ、10分から15分程度の短い時間を活用して特定の教科等の指導を行う場合において、教師が、単元や題材など内容や時間のまとまりを見通した中で、その指導内容の決定や指導の成果の把握と活用等を責任を持って行う体制が整備されているときは、その時間を当該教科等の年間授業時数に含めることができること」を踏まえて、国語や算数の45分授業と「帯び時間」の学習の関連づけを行おうとしている。

　外国語活動および外国語を通してどのような資質・能力を育むのか、そのためにどのようなカリキュラム・授業を計画・実施するのか、どのような教材を開発しどのような指導体制で臨むのか、校内研修をどう計画・実施するのか、といった「外国語活動及び外国語」のカリマネを検討することと並行して、学校のカリマネを検討するきっかけとなっている。

 ## 処方94　授業スタンダードや指導案の形式化により、めざす授業の共通理解を図る

　カリマネの核は授業づくりである。大切なことは学校で「揃えるべきこと」と「揃えるべきでないこと」を明確にすることである。処方16でも述べたように、主体的・対話的で深い学びの基盤となる受容的な関係づくりや言語活動、学習規律などの「学びのインフラ」にあたるものは全教職員の共通理解のもとで揃えて定着を図りたい。「授業スタンダード」については、大きな展開に関してはおおむね揃えたうえで、教科や内容によりアレンジできることが望ましい。具体的には「嶺北スタンダード」や「因北授業スタイル」などが相当する。因北中学校は、広島県廿日市市立大野東中学校の授業スタンダード（図）を参考にしている。[1]

　嶺北中学校では「探究的な学びの構想を可視化する授業プラン」という独

自の指導案を考案し、「学校で育てたい資質・能力」や「主体的・対話的で深い学び」との関連や思考の可視化を図る板書計画を記載することで自校の授業スタンダードに基づく授業づくりの質を担保しようとしている。指導案は授業の設計・実施・

図　大野東中学校の授業スタンダード

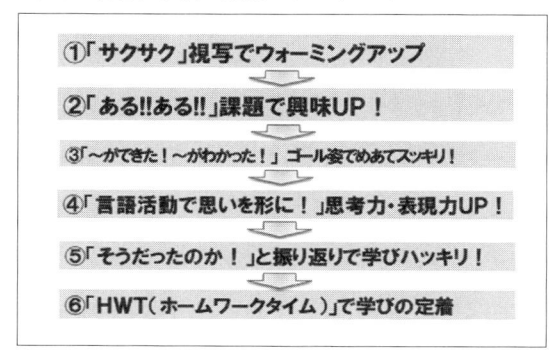

① 「サクサク」視写でウォーミングアップ

② 「ある!!ある!!」課題で興味UP！

③ 「〜ができた！〜がわかった！」ゴール姿でめあてスッキリ！

④ 「言語活動で思いを形に！」思考力・表現力UP！

⑤ 「そうだったのか！」と振り返りで学びハッキリ！

⑥ 「HWT（ホームワークタイム）」で学びの定着

評価において共通理解を図るうえで重要な役目を果たしているが、自校のカリマネの方向性や具体的な方策が反映された指導案の形式に従って授業を計画していくことによりその学校がめざしている授業づくりを意識して進めることができる。

 処方95　「主体的・対話的で深い学び」における子どもの姿と教師の手立てを明らかにする

「主体的・対話的で深い学び」の具体的なイメージがつかみにくいという感想は少なくない。そこで、教師は数々の書物を紐解いたり、さまざまな講演会やセミナーに出かけたりしている。そのような研修の成果を生かしながらも、日々の子どもの姿から「主体的な学び」「対話的な学び」「深い学び」をとらえ直し、校内で共通理解を図りたい。そして、そのような姿を引き出すために教師はどのような手立て（学習規律や言語活動の育成、教材や発問、板書、ワークシートの工夫、教室環境の整備、ICTの活用など）を取ればよいのかを具体的に考えたい。書籍や講演に加えこれまでの指導経験や授業参観を通して多くのヒントやアイデアがあるはずである。筆者は、横軸を「主体的な学び」「対話的な学び」「深い学び」とし、横軸を「子どもの姿」と「教師の手立て」としたマトリクスを活用したワークショップを勧めている（写真1）。幼稚園から高等学校、特別支援学校等で共通に活用できる。また、教員免許更新講習のようなさまざまな学校種の教員による混成チームでも有

写真1

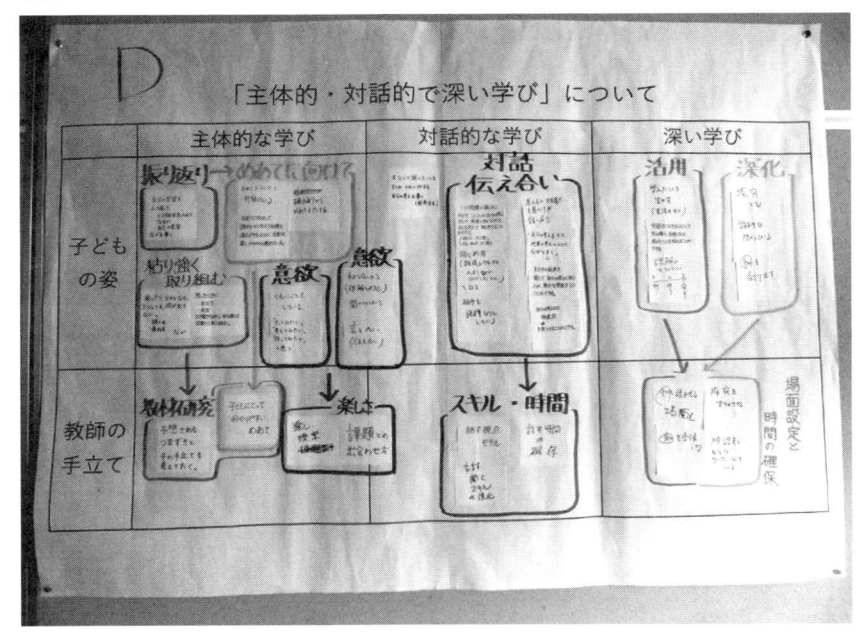

効である。

　幼稚園や小学校の場合には、3歳児・4歳児・5歳児や低・中・高学年の
チームに分かれて整理し、その結果をつき合わせることで発達段階による子
どもの姿やそのための教師の手立てが明確になってくる。中学校や高等学校
では教科ごとや教科学習と道徳、総合的な学習の時間、特別活動のチームに
分かれて整理し比較・検討することが有効である。

処方96　子どもの成長や変容に関するデータを比較・精査する

　処方19でも述べたように、全国学力・学習状況調査や都道府県版学力調査
を有効に活用したい。筆者は一つの学校に複数年かかわって指導することが
多いが、「全校をあげて取り組んだ成果は必ず数値になって表れる」「教職員
の努力は必ず報われる」というのが実感である。子どもの変容や成長を明ら
かにすることは、PDCAサイクルを廻していくうえで重要なことではあるが、
一方で、教員の自信ややる気といった学校文化に大きな影響を与える。

　調査結果において特徴的な傾向が得られた学校を訪問すると、高い数値を示した項目に関しては、それに見合った優れたカリキュラムや授業を行っている[2]。嶺北中学校でも日本生活科・総合的学習教育学会が開発した「総合的な学力」を測る調査を実施し、「『総合的な学習の時間』は生きていくうえで大切なことを学んでいると思う」や「総合的な学習は楽しい」「総合的な学習に一生懸命取り組んでいる」などの項目において、全国上位10校の平均を上回り、総合的な学習の時間の取り組みの効果を明確に示している。

　一方で、子どもにプラスの変容が見られるにもかかわらず、以前の管理職や教職員に遠慮するからか、過去のデータとの比較を避ける場合は少なくない。嶺北中学校では、この10年間にわたる全国学力・学習状況調査の国語と数学の全国平均との比較データや各年度の入学生の経年変化を公開し、家庭や地域にも発信している。

　「がんばっていますが、まだまだ全国平均に届かない」と嘆かれる管理職に出会うこともある。その際には、授業改善や学校改革に取り組み始めてからの同じ子どもの経年変化を見ることを勧めている。全国平均との相対的な評価でなく、同じ対象児童・生徒の絶対的な評価を行いたい。そして何よりも大切なことは教職員の見とりである。日々の子どもの姿に必ず表れてくる。そこを全教職員で確認し、「子どもの実態把握」ワークショップなどを通して可視化したい。成果から手応えと自信を持つと共に、さらなる向上をめざして取り組むべき具体的な課題が明確になってくる。

処方97　家庭や地域にカリマネの考え方や具体的な方策、成果を発信する

　嶺北中学校では、「嶺北中学校のキャリア教育　『社会人基礎力』の育成」や「嶺北中学校のアクティブ・ラーニング　『教え』から『学び』へ」「嶺北中学校の『教え』から『学び』へのカリキュラム・マネジメント」などのＡ３見開きのオールカラーのパンフレットを作成し、家庭や地域に学校の取り組みの考えや具体的な方策ならびその成果を発信している。「社会に開かれた教育課程」の実現が求められているが、まずは学校のほうから家庭や地域にカリマネの考え方や具体的な方策を発信することが必要である。嶺北中

学校の各種パンフレットは学校ホームページからも閲覧することが可能である。参考にしたい。

 ## 処方98　子どもと共に「学級のカリマネ」を進める

　因北中学校の学級未来予想図「自分たちが創るクラス　自分たちで創る未来～一人ひとりが輝く学級を目指して～」は子どもと創る「学級のカリマネ[5]」である。

　一般的に学級目標をつくる際には、子ども一人ひとりが考え、グループで整理し、学級として一つにまとめていく。因北中学校の28年度の２年Ａ組は「助け合いで絆が深まる　笑顔が溢れるクラス」を学級目標に掲げた。その理由を「２Ａのみんなが安心して過ごせてみんながみんなのために優しく在りたいという意味」としている。この目標の実現に向けてカリキュラムのＰやＤにかかわるのが日々の授業や学校行事である。どのように授業に臨み、どのように行事に参加していくのかが問われる。そして、学期末ごとに行う

写真２

振り返りがカリキュラムのCとAに相当する。未来予想図は前面黒板の右に貼ってあるので各教科担当の教師が確認して授業を進めることができる。子どもたちのカリマネ実現に向けて各教師が一役買うことができる。

写真2は、北綱島小学校の29年度の3年2組の教室の掲示物である。当校では年度始め（学年や学級によって実施時期が異なる）に学級目標をつくる。学級目標を前面黒板の上に掲げている学級が多いが、この掲示物のように子ども一人ひとりの思いや具体的の行動をそのまま残していることにも意味がある。常に立ち戻って具体的に確認したり、振り返ったりすることができる。付箋1枚1枚に具体的な文章で書かれていること、サインペンを使って読みやすい大きさの文字で書かれていることが徹底されている。後に掲示して活用するうえではきわめて大切なことである。

3年2組の担任は4年目の若い教員であるにもかかわらず、今求められている主体的・対話的で深い学びおよびそのための受容的な関係づくりが定着していた。この成果物が少なからず好影響を与えていると考える。

処方99　子どもが「学校のカリマネ」に参画する

20年ほど前になるが、神戸市内のある小学校の総合的な学習の公開研究会の事後検討会において、公開した教室の掲示物を使って子ども自身がこれまでの学習の足跡や成果、課題を発表したことがあった。また、大岾小学校では研究主任の授業を体育館で実施し、全児童が参観して、自分たちの授業の授業改善に生かしたことがある。授業の主体者は子どもである。子どもをもっと授業研究の前面に立てることは重要なことである。

東長良中学校の取り組み全体は「学校のカリマネ」の究極の姿と言える。処方4で述べたカリマネの三つ目の側面の「教育活動に必要な人的・物的資源等」のなかに生徒を積極的に位置づけている。生徒を「チーム学校を構成する大切な存在」「学校を共に創るパートナー」ととらえている。

保護者参観日の学習公開案内を生徒自身が作成したり、学級の学習活動の向上にかかわる活動を行う学習委員会を設けたり、全校研究授業を参観し全校研究会に生徒も参加したりするなど、生徒主体で授業をつくるシステムと文化が定着している。

処方100　子どもが「学校文化」をつくりあげる

　東長良中学校では生徒自身が「学習活動を創りあげる」という学校文化を大切にしている。そのために、授業や生活に対する満足度が高い。生徒自身が自律的に諸活動に取り組み、目的意識を持ち、学級や学校の学習環境をつくろうとすることが学校全体の学び合う文化を醸成している。

　三重県鈴鹿市立千代崎中学校では、2年生が3年に上がる直前に、「どんな最高学年をめざすか」についてのワークショップを行った。2年生一人ひとりが「学習活動や部活動、生徒会活動等において自覚を持って臨もう、よきリーダーシップを発揮しよう」とする意識を持つことにつながった。

　学校文化は「潜在的カリキュラム」として、子どもたちに大きな影響を与えている。ワークショップにより子どもの考えを引き出し、整理し、見える化を図ることで、「潜在的カリキュラム」を顕在化することができる。「どのような学校にしたいのか」、子ども自身に意識化させることが重要である。

〈参考・引用文献〉
(1)　広島県廿日市市立大野東中学校「美しい大野東中学校生徒を目指して」村川雅弘・野口徹・田村知子・西留安雄編著『「カリマネ」で学校はここまで変わる！』ぎょうせい、123〜132頁、2013年。
(2)　村川雅弘・久野弘幸・田村学ほか「総合的な学習で育まれる学力とカリキュラムⅠ（小学校編）」『せいかつか&そうごう』第22号、日本生活科・総合的学習教育学会、12〜21頁、2015年。久野弘幸・村川雅弘・田村学ほか「総合的な学習で育まれる学力とカリキュラムⅡ（中学・高校編）」『せいかつか&そうごう』第22号、日本生活科・総合的学習教育学会、22〜31頁、2015年。
(3)　村川雅弘「生徒が創る学級カリキュラム・マネジメント」『ワークショップ型教員研修はじめの一歩』教育開発研究所、123頁、2016年。
(4)　村川雅弘「理想の最高学年をめざして」前掲書(3)、129頁。

◆執筆者一覧◆

【編集】

村川　雅弘　甲南女子大学教授

【執筆】（執筆順）

村川　雅弘　甲南女子大学教授

西留　安雄　高知県教育委員会スーパーバイザー／元東京都東村山市立大岱小学校長

高橋　正尚　鎌倉女子大学教授／前神奈川県横浜市立南高等学校附属中学校長

石堂　　裕　兵庫県たつの市立新宮小学校教諭

八釼　明美　愛知県知多市立東部中学校教諭

池田　勝久　文部科学省初等中等教育局教科書調査官

清水　　仁　東京都新宿区立西新宿小学校長

昆　しのぶ　神奈川県横浜市立北綱島小学校長

今村　潤弥　高知県四万十市立具同小学校教諭

上田　貴之　岐阜県岐阜市立東長良中学校長

濱本かよみ　広島県尾道市立向島中学校長／前広島県尾道市立因北中学校長

大谷　俊彦　高知県本山町立嶺北中学校長

（2018年3月現在）

学力向上・授業改善・学校改革　カリマネ100の処方

2018年４月20日　第１刷発行
2019年３月１日　第２刷発行

編集 ——————村川雅弘
発行者 —————福山孝弘
発行所 —————㈱教育開発研究所
　　　　　　　　〒113-0033　東京都文京区本郷２-15-13
　　　　　　　　TEL　03-3815-7041（代）　FAX　03-3816-2488
　　　　　　　　http://www.kyouiku-kaihatu.co.jp
　　　　　　　　E-mail=sales@kyouiku-kaihatu.co.jp
装幀 ——————勝木雄二
印刷所 —————第一資料印刷株式会社
編集人 —————山本政男

ISBN978-4-87380-496-5　C3037
落丁・乱丁本はお取り替えいたします。
定価はカバーに表示してあります。